Luoghi d'Italia

La splendida storia dell'Eremo
e dell'Abbazia di San Galgano

La splendida storia dell'Eremo e dell'Abbazia di San Galgano

Renzo Vatti - Vito Albergo

OCTAVO
Franco Cantini Editore

Franco Cantini Editore
Borgo Santa Croce 8, Firenze

Luoghi d'Italia
Collana a cura di
Francesco Salvi
Testi di
Renzo Vatti e Vito Albergo
Traduzione di
Carolyne Cotchett
Fotografie di
Andrea Pistolesi e Antonio Quattrone
Cartine di
Sergio Biagi

ISBN 88-8030-102-0

Copertina: Auro Lecci
Progetto grafico e impaginazione:
Giovanni Breschi
Fotoliti: Blu Print
Stampa: Tipografia Toscana

Sommario

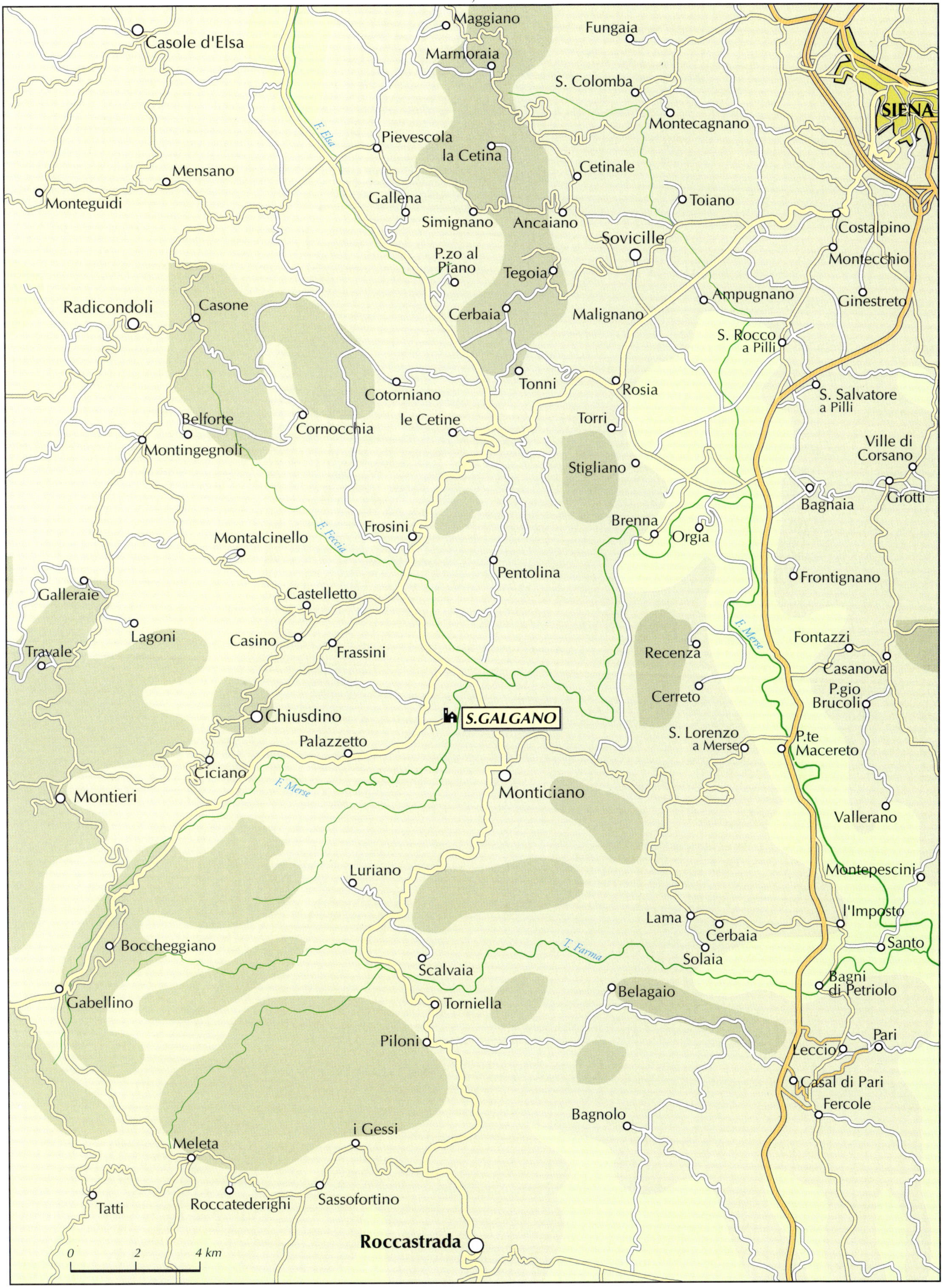
Casole d'Elsa
Maggiano
Fungaia
Marmoraia
S. Colomba
SIENA
Montecagnano
F. Elsa
Pievescola
la Cetina
Mensano
Cetinale
Monteguidi
Gallena
Toiano
Simignano
Ancaiano
Costalpino
Sovicille
P.zo al Piano
Montecchio
Tegoia
Radicondoli
Casone
Ampugnano
Ginestreto
Cerbaia
Malignano
S. Rocco a Pilli
Tonni
Cotorniano
Rosia
S. Salvatore a Pilli
Belforte
Cornocchia
le Cetine
Torri
Montingegnoli
Ville di Corsano
Stigliano
Grotti
Bagnaia
F. Feccia
Brenna
Frosini
Orgia
Montalcinello
Pentolina
Frontignano
Galleraie
Castelletto
F. Merse
Lagoni
Fontazzi
Casino
Recenza
Travale
Frassini
Casanova
P.gio Brucoli
Cerreto
Chiusdino
S.GALGANO
Palazzetto
S. Lorenzo a Merse
P.te Macereto
Ciciano
Montieri
Monticiano
F. Merse
Vallerano
Luriano
Montepescini
l'Imposto
Lama
Cerbaia
T. Farma
Santo
Boccheggiano
Solaia
Scalvaia
Bagni di Petriolo
Gabellino
Belagaio
Torniella
Piloni
Pari
Leccio
Casal di Pari
Fercole
Bagnolo
i Gessi
Meleta
Tatti
Roccatederighi
Sassofortino
Roccastrada
0
2
4 km

Presentazione

Umberto Cecchi

C'è qualcosa di celtico nei colori delle mura e in quelle dei prati che circondano l'abbazia di San Galgano. Sembra nord Europa. E invece è Val di Merse. Non una contea irlandese ricca di rune e di banshees: ma alta Maremma, ricca di devozione a santi un po' laziali, un po' umbri, un po' toscani. Un crocicchio di culture, di leggende e storie che hanno contribuito non poco a vestire quelle terre di un'aura ricca di mito.
Non è quindi un caso se un attento lettore delle cose maremmane com'è il giornalista Renzo Vatti, e un uomo di fede com'è Vito Albergo, si siano fermati a osservare con una passione profonda, i resti dell'antica abbazia e siano andati alla ricerca di segni e note di particolare significato, affioranti da quello che è restato delle antiche mura tirate su negli anni del francescanesimo con le regole dei cistercensi. Come l'abbazia di Monteoliveto, Sant'Antimo, o San Salvatore: tutte scandite dai ritmi sacrali di un orologio che segnava il tempo in ora et labora.
L'abbazia è di per sé un miracolo architettonico che oggi mescola in misura uguale il misticismo della costruzione e quello della distruzione. Due momenti magici che accompagnano il visitatore fra i secolari muri perimetrali. E lo incantano.
È incanto il pensare al lontano 'dugento', quando la febbre della fede di Galgano Guidotti, giovin signore convertito alla povertà come San Francesco e di San Francesco coevo, dette inizio alla fabbrica. Dentro c'era l'anima del Medioevo, la sua sete di divino, le sue paure e i suoi ardori, la sua battaglia per vivere e la fatica per poter sopravvivere, la voglia di sacro che destò anche nell'angolo appartato della Toscana, come nel resto della vecchia Europa, il crescere delle cattedrali e delle abbazie, dopo la grande crisi del Mille e la risposta di Cluny alla paure della fine millennio.
È incanto, oggi, fra i declivi dolci delle colline, in mezzo a ragnatele di strade che corrono ancora a unirsi alla via Francigena, battuta per secoli da viandanti della fede e da mercanti più o meno timorati di Dio, cercare il divino, immobili sotto le navate intessute di cielo e nuvole di Maremma. Lo scolopio Vincenzo Manni, uno dei poeti dell''Italia novella' che vestirono l'abito talare dei fratelli fondati da San Giuseppe Calasanzio, dovette rimanere impressionato da quella volta celeste che dal pavimento della antichissima abbazia lo metteva in contatto diretto con Dio. E ci scrisse una lunga, appassionata poesia più ricca d'emozione, forse che di mistero della fede.
Renzo Vatti e Vito Albergo, in questa loro storia, raccolgono anche queste emozioni: ce le comunicano e ce le raccontano con il garbo degli appassionati e la perizia degli informati. Degli iniziati verrebbe voglia di dire, com'erano iniziate ai misteri delle volte e degli architravi, quelle compagnie di maestri muratori che giravano l'Europa a innalzare cattedrali e conventi, chiese e abbazie, inventando monumenti di rara bellezza alla gloria di Dio, basandosi su calcoli segreti e segni profani misteriosi trasmessi di padre in figlio, dall'Irlanda alla Sicilia. Congreghe di muratori, di maestri cavatori e scalpellini, di fornaciai e marmisti avevano fatto del deserto delle colline senesi e maremmane un villaggio, attorno a quella che sarebbe diventata San Galgano: prima un luogo d'incontro, poi di devozione, oggi di turismo.
Ma se ha un fascino profondo la storia della fabbrica dell'abbazia, non meno ne ha quella del suo fondatore. Quel Galgano Guidotti nato a Chiusdino nel 1148, gaudente signore di campagna figlio di parenti abbastanza ricchi da crescerlo negli agi in un mondo di disagi, con una innamorata bella dal bel nome di Polissena, che preferì, ad un tratto, votarsi alla Croce piuttosto che al piacere. Alla preghiera più che alla famiglia. Alla mortificazione del corpo piuttosto che alla gioia del sesso. E come tutti coloro che avevano nell'animo la cultura del cavaliere, Galgano ripeté nella sua verde Toscana, gesti che in nord Europa avrebbero dato vita a leggende senza fine e senza tempo: prese la sua spada e trovata una fessura in una roccia ve la infisse. Erigendo una croce di fronte alla quale prostrarsi e pregare. È il gesto del cavaliere vagante alla difesa dei deboli. È l'umiltà eletta a stile di vita. È la storia di re Artù e dei suoi cavalieri: al nord la leggenda dette vita a una nazione, da noi, dove la storia era di casa già in modo prepotente, dette vita ad un'abbazia. Che ancora oggi racconta.
Leggere il bel libro di Renzo Vatti e Vito Albergo è ripercorrere una strada fatta di mille altre strade, è incrociare leggende, ritrovare una fede antica ma vivace, perdersi in una campagna dove ad ogni angolo attecchiscono storie e cose pregevoli. E l'abbazia con il suo scheletro armonioso,

con le sue mura che il tempo ha impastato di borraccine, con la campagna che la incornicia di verde, diventa la protagonista di una saga di casa nostra al centro della quale il giovane Galgano, la sua spada, la sua roccia e le sue rinunce, corrono verso la santità.

There is something Celtic in the colours of the walls and in those of the fields surrounding the abbey of San Galgano. It seems to be Northern Europe. And, instead, it is the Val di Merse, not an Irish county rich in runes and banshee. It is "Alta Maremma", rich in devotion to saints, some of whom are from Lazio, some from Umbria, a few from Tuscany. A cross-roads of cultures, legends and histories that have contributed considerably to vesting these lands with a rich aura of myth.
It is not by chance, therefore, that a careful reader of Maremma things such as the journalist Renzo Vatti and a man of faith such as Vito Alberco have stopped to observe with deep emotion the remains of the ancient abbey, and that they have gone in search of marks and signs of particular significance, emerging from what has remained of the old walls put up during the years of Franciscanism with the rules of the Cistercians. Like the abbeys of Monte Oliveto, Sant'Antimo or San Salvatore: all three scanned by the sacral rhythms of a clock that measured time in ora ed labora.
In itself, the abbey is an architectural miracle that today combines in equal measure the mysticism of construction and that of destruction: two magic moments that accompany visitors amid the centuries-old perimetral walls. And enchant them.
The enchantment is in thinking about the far off "dugento" (13th-century), when the fever of the faith of Galgano Guidotti, a young noble converted to poverty like St Francis and a contemporary of St Francis, set the construction under way. Inside, there was the soul of the Middle Ages, its thirst for the divine, its fears and its passions, its battle for life, and the effort to survive, the desire for the sacred which excited even in the isolated corner of Tuscany – as in the rest of old Europe – the growth of cathedrals and abbeys, after the great crisis of the year one thousand and the reply of Cluny to the fears at the end of the millennium.
Today, it is enchantment, in the midst of the gentle slopes of the hills, among the spiderwebs of roads that still rush to be united with the Via Francigena, travelled for centuries by wayfarers of the faith and by more or less God-fearing traders, to search for the divine, motionless beneath the naves interwoven with the sky and clouds of Maremma. The Piarist Vincenzo Manni, one of the poets of "Italia novella" who wear the cassock of the monks founded by San Giuseppe Calasanzio, must have been struck by that blue vault that, from the floor of the very ancient abbey, put him in direct contact with God. And he wrote a long impassioned poem there, richer in emotion perhaps than in the mystery of the faith.
Renzo Vatti and Vito Albergo have collected also these emotions in their history: They have communicated them and recounted them to us with the charm of enthusiasts and the expertise of informed persons. As initiated persons there is the desire to tell how those companies of master builders who travelled Europe, raising up cathedrals and convents, churches and abbeys, inventing monuments of rare beauty to the glory of God, basing themselves on secret calculations and mysterious profane signs handed down from father to son, from Ireland to Sicily, were initiated to the mysteries of vaults and architraves. Out of the desert of the Sienese and Maremma hills, bands of bricklayers, master quarrymen and stone cutters, kiln-men and marble workers had made a village, around what would become San Galgano: first, a meeting place, then a place of devotion; today, of tourism.
But if the history of the abbey has profound charm, its founder has just as much: that Galgano Guidotti, born in Chiusdino in 1148, hedonistic country lord, son of parents who were rich enough to bring him up in comfort in a world of hardships, with a beautiful mistress whose lovely name was Polissena, who all of a sudden preferred to devote himself to the Cross, rather than to pleasure; to the mortification of the body rather than to the joys of sex. And like all those who had in their hearts the culture of chivalry, Galgano repeated those actions in his green Tuscany which in northern Europe would have given rise to endless and timeless legends. He took his sword and, finding a crack in a rock, drove it into it, erecting a cross before which he prostrated himself and prayed. It was the gesture of the wandering knight, going to the defence of the weak. It was humility, elected as a style of life. It was the story of King Arthur and his knights. In the north, the legend gave rise to a nation; here in Italy, where history was already arrogantly at home, it gave rise to an abbey. Which still today tells the story.
To read the book by Renzo Vatti and Vito Albergo is to retravel a road made up of thousands of other roads; it is to come across legends, find again an ancient but lively faith, lose oneself in a countryside where stories and precious things flourish at every corner. And the abbey with its skeletal harmony, with its walls that time has mixed with mosses, with the countryside that frames it in green, becomes the protagonist of a saga of our national, in the centre of which young Galgano, his sword, his rock and his sacrifices, hastens toward sanctity.

Introduzione

Carlo L. Ragghianti

Introduzione del Professor Carlo L. Ragghianti, critico d'arte, scritta nel marzo 1985 per la prima edizione di questo volume.

Gli appassionati autori di questo libro, nel chiedermi una presentazione, non sapevano che la Val di Merse, da loro descritta e rievocata con una nostalgia filiale che dalla vicenda storica remota scende fino al presente e dolente abbandono, io la conosco, non solo nel suo percorso a terra sulle spianate e sul fondovalle orlato intorno dai glabri profili collinari, ma dall'alto, sorvolata con l'elicottero che aggirato lo stupendo cono scalato di Chiusdino secondo il volgere del sole, scopriva la scolpita grande ossatura nuda di San Galgano, e più oltre andando verso oriente le valli dei 'deserti' eremitici e poi delle abbazie, Monteoliveto, Sant'Antimo, San Salvatore....

Ripercorrere questi luoghi con la guida attenta e fervida di Renzo Vatti e Vito Albergo mi riporta a lunghe giornate della prima giovinezza, quando venendo da Pisa scendevo in bicicletta nella Toscana meridionale molto appartata, e da una 'terra alta' all'altra per le strade polverose visitavo paesi ignoti e chiese abbandonate nel gran silenzio estivo; e ricordo le scoperte improvvise ed esaltanti: dei Vecchietta a Montemerano e ad Istia d'Ombrone, degli eburnei rilievi di Agostino di Duccio ad Acquapendente, e tante altre.

In uno di questi viaggi solitari, che avevo imparato a fare in Svizzera e in Austria, raggiunsi per la prima volta la Rotonda di Montesiepi e vidi gli affreschi di Ambrogio Lorenzetti, più numerosi allora benché mal conservati e ridipinti, nella cappella adiacente: sorprendevano, se non sconcertavano, perché al principio degli anni Trenta il dogma della prospettiva emblema del Rinascimento, venendo giù dal Vasari, era molto più rigido e univoco, sebbene l'eccezione del polittico aretino fosse stata notata e rilevata come precursione anche rispetto a Giotto stesso.

Solo dopo i recenti distacchi e restauri è stato possibile rendersi conto pienamente dell'eccezionale ambientazione proporzionata soprattutto nella scena dell'Annunciazione, con l'inaudito episodio della finestra naturale fonte di luce incorporata nella rappresentazione, e dell'inconsueto clima emotivo e impetuoso del complesso. Ma allora più mi colpì la cupola o meglio calotta ad anelli concentrici bicolori di conci di pietre bianche e di mattoni rossi: non ne avevo mai visto una simile, ed è rimasta del resto un unicum a nostra conoscenza, in quelle dimensioni; più tardi conobbi la cupola anteriore della rotonda del complesso di Santo Stefano a Bologna, analoga, ma di diversa modalità operativa; e sempre più tardi mi domandai che cosa avrebbe detto il Brunelleschi quando inventava le sue cupole emisferiche a spirali e a spine elicoidali di mattoni.

Venivo da Volterra dove già mi aveva posto problemi, per la sua data e per il suo apparire un precedente, la cupola ottagonale del Battistero, che si associava nella mia esperienza con la grande cupola a quattro vele di San Giovanni di Lucca. Avevo in mente come enigma pressante e irresolubile, date le coperture e le superfetazioni, la cupola del Duomo di Siena, con l'ipotesi d'autore di Nicola Pisano, rimasta incombente e ripresa poi decisamente dal Carli e da altri studiosi.

A Montesiepi il basamento compatto della Rotonda appariva come la prima costruzione, impiantata sullo scorcio del secolo XII, fuori del tutto dall'architettura cistercense, e se mai da associare ad architetture pisane come la base del Battistero di Deotisalvi del 1153; il grande perimetro si univa all'avancorpo con l'atrio, sovrastato a destra dall'alta gruccia del campanile in cotto. Secondo me questo campanile semplice è coetaneo dell'ultima fase di costruzione della Rotonda, sostituendo una torre eretta o da erigere sul basamento anteriore, elevata secondo un modello di alta mole antistante a una rotonda, che ha esempi illustri da Aquisgrana alla Rotonda di Brescia (da me riconosciuta del secolo IX), e forse deriva da un prototipo ravennate.

Un caso già per questo straordinario e problematico. La parte superiore della Rotonda di Montesiepi è a fasce bicolori di pietre e mattoni, e comprende il coronamento primo in mattoni a dente di sega. È questa la parte di edificio solidale con la cupola interna a calotta, per la quale fu prevista una copertura che avrebbe potuto essere aderente, sul modello dell'antico Pantheon, o simile a quella del Battistero fiorentino più probabilmente, e fu tolta nel secolo XVI (l'attuale terza fascia superiore esterna in cotto

Veduta parziale della navata centrale e del transetto sinistro nella chiesa abbaziale di San Galgano.

sostenente il tetto è contemporanea al campanile e fu aggiunta nel secolo XIV; la lanterna cieca di coronamento è solo decorativa e posteriore allo smantellamento dovuto all'abate spogliatore Vitelli).
Le notizie della prima costruzione e della consacrazione di un mausoleo di San Galgano (1183-85) inducono a supporre una prima fase costruttiva, ma io credo che l'architetto della Rotonda fu uno solo, seguì esempi dell'antichità romana, e come per la cupola interna poté ispirarsi a tombe etrusche, poté avere come modello generale la tomba di Cecilia Metella sulla via Appia, per la sua forma cilindrica. La tomba di Cecilia Metella ebbe un'alta cupola interna a sezione conica che, non è stato avvertito, si ritrova soltanto nel Battistero pisano, e precisamente nella parte databile per apposta epigrafe al 1278, quando Nicola Pisano sovraintendeva all'opera e la rinnovava nelle parti che precisai.
I ricorsi antichi univoci di Pisa e di Montesiepi, uniti alla similarità del gusto per il paramento bicolore islamico, già tardoromano e poi pisano, con quello della Cattedrale di Siena, mi hanno sempre più persuaso, per la singolarità delle coincidenze, che la stupenda Rotonda di Montesiepi, sul sostrato di un fondamentale revival carolingio, possa essere opera significativa di Nicola Pisano, e comunque compiuta secondo la sua ispirazione e la sua cultura.
Conviene soffermarsi un momento sulla situazione. La figura di Nicola Pisano come architetto non è pacifica, e non è interamente assodata. Una base è data dalle parti architettoniche dei pergami di Pisa e di Siena, e di modelli architettonici, non osservati com'è debito, che sono numerosi, contenuti nei loro riquadri scolpiti, secondo chi li ha analizzati e spigati anche nelle loro referenze italiane e germaniche. I passaggi dai pergameni alla Cattedrale di Siena, con più accentuate relazioni francesi anche tramite cistercense, sono plausibili. Nei rilievi ci sono vari edifici a pianta centrale, anche rotonde a cupola emisferica e a copertura ottagonale piramidata analoga al Battistero di Firenze (Arca di San Domenico a Bologna, Pulpito di Siena). L'intervento nella parte intermedia del Battistero di Pisa, esterno e interno con cupola conica (Anno Domini 1278 aedificata fuit ex novo), segna un aspetto di prevalente aderenza classica, ben coerente con i caratteri dell'opera scultoria. Non è qui il caso di approfondire questa, se non dicotomia, distinzione che si trova nell'opera di Nicola tra fondo antico ed attualità di movente nordico, di una bifrontalità analoga a quella imperiale.
A così poca distanza, è un vero urto al confronto l'Abbazia di San Galgano. Ho visto per la prima volta la Rotonda di Montesiepi dopo la sua liberazione dai deturpanti interventi successivi (l'unico rimasto è, sopra il portale armonioso dell'atrio, lo stemma dei Medici, che lo misero dappertutto, usurpando la civiltà anteriore e bollandola come si fece poi col sale e tabacchi); ho visto per la prima volta l'Abbazia quando erano in corso i restauri delle navate in mattoni e dei coronamenti superiori invasi da cespugli, e c'erano per ogni dove pietre cadute e materiali da costruzione, mentre si tentava di far riattecchire sul luogo una piccola comunità monastica.
Rispetto alla Rotonda di Montesiepi, l'Abbazia di San Galgano rappresenta una differenza radicale e quasi un'antitesi. Anche le chiese francesi e borgognone declinano dall'antichità grecoromana, tardoromana e medievale le composizione delle masse plastiche e soprattutto i moduli proporzionali, che non solo ritmano gli edifici, ma sono anche, secondo la norma antica, a fondamento delle congruenze che ne determinano la certezza statica. Rotonda e Abbazia rappresentano concezioni e mondi culturali profondamente diversi, anche se hanno qualche comunità nei sostrati.
Debbo dire schiettamente che la diruta Abbazia di San Galgano mi è riuscita, tutte le volte che l'ho visitata, più suggestiva di tante consorelle ben conservate, col suo pavimento erboso toppato dai fasci luminosi del sole, coi suoi finestroni abbaglianti e col suo tetto di cielo aperto e infinito, o coperto di nuvole alte o basse, ferme o vaganti, che mi faceva pensare allo sfondo della tavoletta brunelleschiana, dipinta negli edifici specchiati e lasciata in alto libera di riflettere le venture del cielo sulla superficie d'argento.
Certo il grande edificio costruito nel 1224 è un esempio emblematico dell'architettura cistercense nella provincia d'Italia. Ormai dall'inizio del secolo XII sono all'opera i costruttori dell'Ordine, che sono anche peritissimi ingegneri e idrologi, e probabilmente sono itineranti, eseguendo progetti prefissati o standardizzati. Il fenomeno internazionale, che muovendo dalla Francia ha espansione dall'Irlanda alla Palestina e dalla Scandinavia e Polonia alla Spagna e all'Italia, nelle variazioni flessioni regionali e locali ha un'unità complessiva che ovviamente vale per la storia religiosa, nell'estensione tipica alla missione civile che delle comunità monastiche fa delle avanguardie colonizzatrici con una milizia di lavoro e di produzione oltre che di evangelizzazione, che poi assumeranno anche le prime emigrazioni protestanti del nuovo mondo.
L'architettura cistercense su cui pure esiste un'immensa letteratura storico-tecnica e scientifica, è comparativamente semplice, e come in tutti i casi di estensione di prototipi non ha in genere pronunziata casistica individuale. Così la struttura di San Galgano calca quella delle chiese abbazia di Fossanova (cons. 1208) e di Casamari (cons. 1217). Non è da escludere che il maestro conduttore di San Galgano sia stato, come propose l'ENLART, quel Fra' Giovanni monaco di Casamari ricordato fino al 1227. Intorno al 1275 la costruzione seguitava sotto il

Sul lato destro della chiesa abbaziale si trovano i resti del Monastero: tra le parti superstiti, un piccolo tratto del chiostro.

reggimento di Ugolino di Maffeo, e il lavoro per la chiesa e gli annessi conventuali si protrasse fino al Trecento usando travertino e pietra tenera tufacea trasportati da cave del territorio della Montagnola Senese (del 1212 è lo statuto dei marmorari e lapicidi di Siena, certo attivi anteriormente e forse indipendentemente dalla taglia dei marmi del Duomo), mentre il mattone d'argilla era prodotto sul posto da fornaciari.
Nella loro grandiosità nuda e severa queste chiese cistercensi mostrano in vista la macchina statica in esercizio, o meglio nel produrre il finale assetto di masse slanciate e spinte da membrature sviluppate e rilanciate, interamente concatenate con pilastri, costoni articolati e sospesi, e volte. L'assenza di ogni ornamento, mosaici, affreschi, suppellettili sacre, vetrate figurate, accentua la percezione di questi sistemi compaginati e continuamente risospinti, essenzialmente funzionali. Anche quando queste chiese conventuali erano adibite al culto pubblico, conservavano l'austerità di chiusi e maestosi eremi di pietra, dove non si intendeva che cessare la disciplina della milizia religiosa, ora et labora.
Quando fui la prima volta a San Galgano venne la sera, e lasciai la veduta dell'abbazia alta ed eretta contro il cielo vespertino. Ma non fu, nel luogo solatìo e nella stagione, un'impressione di goethiana e foscoliana malinconia occidua, qual'è unanime nel romantico Caspar David Friedrich e nelle sue vedute, tra il 1808 e il 1825, di grandi abbazie diroccate e traversate da luci di tramonto come ad Oybin e ad Eldena sopra il bosco di querce dei Riesengebirge. La rovina di Friedrich nei loro filtri luminosi d'ore sentimentali sono tanto diverse dal teatrale rovinismo archeologico del Settecento, la loro temperatura intensa può declinarsi in decadenze tragiche come nelle rovine di Agrigento, in quelle nordiche i templi gotici si levano come invocazioni.
Scoperchiata, traforata, permeabile da ogni parte, l'Abbazia di San Galgano, straordinaria visione, ha mutato carattere ricevendo dentro di sé l'esterno già vietato con tutte la sua mondanità agreste e solare. La grande nave arenata sembra che riposi nella natura, e la contemplazione che pure si impone al visitatore tra le sue mura aperte non ha la forma mistica di un elevazione al trascendente, ma piuttosto il senso di un placarsi del corso del tempo, immedesimandosi nella sopravvivenza di questa architettura che malgrado la vicenda di rovina conserva e afferma la potenza della sua vitalità.
Quante cose, quante impressioni, quante memorie, quanti pensieri, in questo breve spazio della Val di Merse in cui ci conducono Renzo Vatti e Vito Albergo, seguendo Galgano Guidotti.

INTRODUCTION

Professor Carlo L. Ragghianti, art critic, written in March 1985, for the first edition of this book.

With filial nostalgia, the impassioned authors of this book have described and commemorated the Val di Merse, that comes down from far-off historic events to its present and distressing state of neglect. But, in inviting me to write an introduction, they did not realise that I am well acquainted with it. I know it, not only in its journey over the levelled ground and over the bottom of the valley edged round by the glabrous outlines of the hills, but also from above: I have flown over it in a helicopter which, after avoiding the magnificent graduated cone of Chiusdino in accordance with the turning of the sun, revealed the sculpted great bare outlines of San Galgano. And further on, proceeding in an easterly direction, the valleys of the hermitic 'deserts', and then the abbeys of Monteoliveto, Sant'Antimo, San Salvatore.... Travelling through these places again with the attentive, fervent guidance of Renzo Vatti and Vito Albergo takes me back to the long days of my early youth when, coming from Pisa, I would bicycle down into the very secluded southern Tuscany, and from one 'high land' to another along dusty roads I would visit unknown villages and abandoned churches during the great summer silence. And I recall the unexpected and exciting discoveries: paintings by Vecchietta at Montemerano and at Istia d'Ombrone, the white as ivory reliefs of Agostino di Duccio at Acquapendente, and many others. On one of these solitary journeys that I had learned to take in Switzerland and Austria, I reached the Rotunda of Montesiepi for the first time, and saw the frescoes by Ambrogio Lorenzetti in the adjacent chapel. There were more of them then, although they were badly conserved and repainted. They astonished the viewer, if they did not actually disconcert him. This was because, at the beginning of the 1930's, the dogma of the prospective emblem of the Renaissance, having come down from Vasari, was much more rigid and unambiguous, although the exception of the polyptych of Arezzo had been noted and perceived as a forerunner with respect to even Giotto himself. It was possible to fully realise the exceptional setting only after the recent detachments and restorations, proportioned above all in the scene of the Annunciation: with the amazing episode of the window that is the natural source of light incorporated into the representation, and the unusual emotional and violent climate of the whole. But what struck me more then was the cupola or, rather, the spherical vault with concentric two-tone circles of hewn white stones and red bricks. I had never seen a similar one, and to our knowledge it has remained a unicum in those dimensions. Later, I became acquainted with the front cupola of the complex of Santo Stefano in Bologna: it is analogous, but of a different operative procedure. And later still, I wondered what Brunelleschi would have said when he invented his hemispheric cupolas with spirals and brick helicoid spikes.

I was coming from Volterra where, because of its date and its appearing as a precedent, the octagonal cupola of the Baptistery had already created problems for me: I associated it in my experience with the large cupola with four vaulting cells of San Giovanni in Lucca. Because of the roofing and the superfetations, I had in mind – like a pressing and unsolvable enigma – the cupola of the Duomo of Siena, with the artistic hypothesis of Nicola Pisano, that remained impending and was then resumed decisively by Carli and by other scholars.

At Montesiepi, the compact podium of the Rotunda appeared like the first construction, established over the end of the 12th century, completely remote from Cistercian architecture and, if anything, to be associated with Pisan architecture like the base of the 1153 Baptistery of Deotisalvi. The large perimeter was joined to the avant-corps with the atrium, dominated to the right by the tall leg of the fired-brick bell tower. In my opinion, this simple bell tower is contemporary with the last building phase of the Rotunda, replacing a tower that was already built or was to be built on the front podium, raised according to a model of very tall proportions in front of a rotunda, which has illustrious examples from Aquisgrana to the Rotunda of Brescia (recognised by me as 9th century), and perhaps derives from a Ravenna prototype. Just for this, it was already an extraordinary and problematic case. The upper part of the Rotunda of Montesiepi has two-tone bands of stone and brick, and includes the top coping of sawtooth bricks. This is the solid part of the building with the inside cupola with its spherical vault. For this reason, roofing was provided that would be adherent, on the model of the ancient Pantheon, or more probably similar to that of the Florentine Baptistery. It was removed during the 16th century. [The present upper third band on the outside made of fired brick that supports the roof is contemporary with the bell tower, and was added during the 14th century. The crowning dark (bull's eye) lantern is only decorative and later than the dismantling due to the despoiler abbot, Vitelli].

Information regarding the first construction and consecration of a mausoleum of San Galgano (1183-85) lead us to suppose a first building phase. But I believe that there was only one architect for the Rotunda. He followed examples of Roman antiquity and, as for the inside cupola, could take his inspiration from Etruscan tombs: he may have used the tomb of Cecilia Metella on the Appian Way as a general model, because of its cylindrical form. The tomb of Cecilia Metella had a high inside cupola made of conical sections which – it was not been realised – is found only in the Pisa Baptistery, namely in the part that is datable thanks to an epigraph to 1278, when Nicola Pisano supervised the work and renovated it in the parts which I pointed out. The univocal ancient repeated ornaments of Pisa and Montesiepi, united in the similarity of a taste for Islamic two-tone decoration, formerly late-Roman and then Pisan, with that of the Siena Cathedral, have always persuaded me more – due to the singularity of coincidences – that the magnificent Rotunda of Montesiepi, on the substratum of a fundamental Carolingian revival, may be the notable work of Nicola Pisano. In any case, it was built according to his inspiration and his culture.

It is worth dwelling on the situation for a moment. The figure of Nicola Pisano as an architect is not obvious and is not entirely confirmed. A basis is provided by the architectural parts of the pulpits of Pisa and Siena, and of numerous architectural models, not observed as is suitable, limited within their sculpted bays, according to who analysed them and explained them also in their Italian and Germanic references. Passages from the pulpits to the Cathedral of Siena, with more accentuated relations with France also through the Cistercians, are plausible. In the surveys, there are various buildings with a central design, even rotundas with a hemispheric cupola and with pyramided octagonal roofing similar to the Florence Baptistery (the Arch of San Domenico in Bologna, the Pulpit of Siena). The intervention in the intermediate part of the Pisa Baptistery, outside and inside with a conical cupola (Anno Domini 1278 aedificata fuit ex novo) marks an aspect of prevalently classical adherence, quite coherent with the characteristics of the sculptural work. Here, it is not appropriate to study this in depth, if not as a dichotomy, a distinction that is found in the work of Nicola – amid ancient background and the up-to-dateness of a northern motive – of a two-facedness that is analogous to the Imperial one.

At such a short distance, the Abbey of San Galgano is a real conflict in comparison. I saw the Rotunda of Montesiepi for the first time after its liberation from the successive disfiguring interventions (the only one remaining is, above the harmonious portal of the atrium, the coat of arms of the Medici, who put it everywhere, usurping the previous civilisation and branding it as was then done with salt and tobaccos). I saw the Abbey for the first time when the restorations of the brick naves and the upper copings invaded by bushes were under way, and everywhere you turned there were fallen stones and building materials, while attempts were being made to have a small monastic community take root again on the site.

Compared to the Rotunda of Montesiepi, the Abbey of San Galgano represents a radical difference and almost an antithesis. Even the French and Burgundian churches refused/declined from Greco-Roman, late-Roman and medieval antiquity the composition of plastic masses and, above all, proportional modules, which not only measured the rhythm of the edifices, but were also – according to ancient regulations – at the basis of the congruencies that determine their static certainty. The Rotunda and the Abbey represent profoundly different cultural concepts and worlds, even if they have some things in common in the substrata.

I must say candidly that, every time that I saw it, I found the ruined Abbey of San Galgano more charming that many of its well-preserved sister churches, with its grassy flooring patched with luminous bands of sun, with its dazzling windows and with its roof open and never-ending, or covered with high or low clouds, stationary or wandering, which made me think of the background of the Brunelleschi panel painted in the mirrored buildings and left on high, free to reflect the fortunes of the sky on the silver surfaces.

The great edifice, built in 1224, is certainly an emblematic example of Cistercian architecture in the Italian province. The builders of the Order had been at work by then since the beginning of the 12th century: they were also very expert engineers and hydrologists, and probably were itinerant, carrying out pre-established or standardised projects. The international phenomenon which, moving from France had expanded from Ireland to Palestine and from Scandinavia and Poland to Spain and Italy, in the regional and local variations-deflections, had an overall unity that obviously was valid for religious history, in the typical extension to the civil mission which made colonising vanguards of the monastic communities with work and production militias, as well as of evangelisation, which the first Protestant immigrations of the New World then took on.

Cistercian architecture, on which there also exists a huge historic-technical and scientific literature, is comparatively simple. As in all cases of the extending of prototypes, in general it has no pronounced individual case history. Thus, the structure of San Galgano traces that of the abbey churches of Fossanova (built in 1208) and Casamari (built in 1217). That the head director of San Galgano was, as ENLART suggests, Fra' Giovanni, a monk of Casamari who was mentioned up until 1227, is not to be excluded. Around 1275, the construction continued under the rule of Ugolino di Maffeo. Work on the church and the convent annexes lasted until the 14th century, using travertine and soft tufaceous stone transported from quarries in the territory of Montagnola Senese (the statutes of the marble-workers and lapicides of Siena, of 1212, who were definitely active beforehand and perhaps independently of the cutting of marbles for the Duomo), while the clay bricks were made on the site by kiln-men.

In their bare, severe magnificence, these Cistercian churches showed off the static machine in operation, or rather, in producing the final order of masses hurled and thrust by developed and relaunched structures, entirely linked together with pilasters, articulated and suspended ribs, and vaults. The absence of any ornaments, mosaics, frescoes, holy furnishings, figured stained-glass windows, accentuated the perception of these systems that were assembled and continually driven back, essentially functional. Even when these convent churches were used for public worship, they retained the austerity of closed and majestic stone hermitages, where it was not intended that the discipline of the religious militia, ora et labora, should cease.

When I was at San Galgano for the first time, evening came and I left the sight of the abbey, tall and erect against the vespertine sky. But, in the sunny place and in season, it was not an impression of Goethian and Foscolian occidental melancholy, as was unanimous in the romantic Caspar David Friedrich and in his views, between 1808 and 1825, of great razed abbeys traversed by the lights of sunset as in Oybin and Eldena above the Riesengebirge oak forest. Friedrich's ruins in their luminous filters of sentimental hours are very different from the theatrical archaeological ruinism of the 18th century; their intense temperature may be lessened in tragic decadence as in the ruins of Agrigento; in the northern ones, Gothic temples rise like invocations.

Roofless, perforated, pervious from every direction, the Abbey of San Galgano – an extraordinary sight – has changed character, receiving inside itself the already prohibited outside with all its rustic and solar worldliness. The large beached nave seems to repose in nature, and the contemplation imposed also on the visitor between its open walls does not have the mystical form of an elevation to the transcendent, but rather the sense of placating the course of time, by immersing itself in the survival of this architecture which, despite the matter of its ruination, conserves and affirms the power of its vitality.

How many things, how many impressions, memories, thoughts, there are in this brief area of the Val di Merse in which Renzo Vatti and Vito Albergo lead us, following Galgano Guidotti, marked with the sign of the cross of peace and of spiritual ascesis in his native land. In expressing to the two authors the appreciation due to their work, that is so diligent and objective, but also so capable of evocation, I am grateful to have been an effective cause for this new journey.

La Val di Merse

Il complesso monumentale di San Galgano, ai confini sud-occidentali della provincia senese, sorge vicino all'incrocio di due strade di grande importanza storica ed economica. L'una, chiamata Massetana, congiunge il territorio senese con Massa Marittima, le miniere delle Colline Metallifere e, infine, il Mar Tirreno con i suoi porti e isole. L'altra detta 'Maremmana' unisce Siena con Grosseto, cuore della Maremma, antico e vitale dominio della Repubblica Senese. Ambedue le strade congiungono l'Aurelia con la Cassia e la Francigena, variante molto importante nella vita economica e religiosa del Medioevo.
Oltre che un centro viario, l'abbazia di San Galgano fu il punto dominante della valle del fiume Merse, affluente dell'Ombrone; precisamente sul lembo sud-orientale delle Colline Metallifere, ricche di importanti miniere sfruttate in ogni epoca storica, dagli etruschi fino ad oggi.
Nell'alto medioevo questa zona era largamente popolata, ricca di castelli, villaggi, ospizi e chiese: celebre Montieri con le sue miniere d'argento; tutto questo territorio era aspramente conteso da potenti feudatari come gli Aldobrandeschi, Pannocchieschi, Gherardeschi e Ardengheschi, tutti di origine longobarda o salica. Ora, invece, le colline Metallifere hanno perso buona parte della loro popolazione con grande scapito

Uno scorcio della Val di Merse, dove sorge il suggestivo complesso abbaziale di San Galgano, vista da Montieri.

Pagina precedente
Veduta di Chiusdino, nel Senese, paese natale del santo.

Il fiume Merse, da cui prende nome la valle, vicino a Chiusdino.

dell'economia locale.
Le cause principali di tale decadenza e della scomparsa di castelli, villaggi e chiese furono la caduta del feudalesimo, il disinteresse della Repubblica Senese, preoccupata solo di sfruttare, i mercenari inviati dai fiorentini, la scomparsa dei monaci di San Galgano e la malaria, un fatto quasi normale in questi territori ricchi di acqua facile a stagnare. Attualmente la Valle del Merse è generosa di bellezze naturali; il silenzio e il verde delle macchie non impauriscono, ma sembrano dare un senso di pace di altri tempi; la presenza dei cinghiali e di altri animali non rompe l'incanto. È proprio questo ambiente così ruvido e mistico, con un economia a misura d'uomo, ospitòla figura politica di un eremita, che doveva dare origine a quella meraviglia storica e artistica che fu, ed è il complesso di San Galgano.

LA STORIA

L'abbazia di San Galgano e la cappella di Montesiepi sono perle rare lasciate dalla storia, che si è però dimenticata dei dintorni. Da queste parti, non appena le forme del terreno diventano meno aspre, la presenza dell'uomo si avverte dappertutto, la val di Merse rientra nel territorio classico della mezzadria di un tempo, nella quale la poca popolazione agricola vive sparsa qua e là, una famiglia per ogni casa ed ogni casa sul relativo podere. A volte alcune case coloniche si raggruppano all'interno di una vecchia comunità o comunque attorno ad un edificio più grande. Si incontrano spesso piccoli casolari rurali in collina, oggi in gran parte isolati, che sfuggono le valli per appollaiarsi nei punti più elevati, in posizioni spesso ereditate dai castelli medioevali. Anche le poche case coloniche sparse nella zona evitano possibilmente i fondi delle strette valli per stabilirsi al sole sui crinali o sui piccoli ripiani di mezza costa. Ogni podere ha una piccola storia che è palese nei muri, nelle strutture e in moltissimi altri particolari. Si tratta quasi sempre di case coloniche antiche, spesso derubate da nuclei rurali medioevali degradati. Soltanto nelle brevi aree pianeggianti troviamo poderi che non hanno più di duecento anni di vita. Attualmente, però, una buona parte di case coloniche sparse in questa campagna sono abbandonate.
Il territorio della valle è ora considerato 'zona depressa', e della depressione presenta tutti i caratteri più evidenti: spopolamento, agricoltura arretrata, mancanza di insediamenti industriali. C'è addirittura chi la vorrebbe allagare per costruire una grande diga utili – dicono – al dis-

setamento dell'arido territorio grossetano. Dunque questa vallata, questa bacino idrografico che si estende per circa seicento chilometri quadrati fra i territori comunali di Montieri, Radicondoli, Chiusdino, Sovicille, Murlo, Monticiano e Roccastrada, non conta più niente? Eppure la vallata del Merse ha una storia come non molte altre, e questa bellissima storia, questo passato irripetibile hanno un nome, anzi una paternità: l'abbazia di San Galgano e la Cappella di Montesiepi. È quel che resta dell'abbazia è il cordone ombelicale che unisce la vallata e la popolazione rimasta alla sua singolare storia. Purtroppo, la storia più bella della Val di Merse, quella legata al sorgere dell'Abbazia di San Galgano, viene oggi scoperta tra le prime pagine di studi rivolti alla descrizione del degrado e del collasso demografico ed economico di questo comprensorio. Studenti e studiosi fanno continue ricerche sulle sedi scomparse o fortemente decadute; e così non di rado scoprono agglomerati un tempo famosi e protagonisti di epoche d'oro. È il caso dell'eccellente tesi di laurea di Simonetta Bertini di Ciciano. Giornalisti e scrittori, poi, non hanno perso l'occasione, dopo aver disposto l'attuale triste abbandono della regione, per ricercarne le più gloriose origini storiche.

Abbazia e Val di Merse, settecento anni fa, erano entrambi più ricche e più vitali rispetto alle altre zone toscane. Erano, come abbiamo detto, due entità non disgiungibili. E allo scopo di onorare questa realtà che fu (ma che è e sarà sempre), preziosa per storici e umanistici, ecco la storia particolare di San Galgano, alla quale possiamo accostare quella più ampia di tutta la sua Val di Merse.

A trecento metri sul livello del mare, a poco più di sette chilometri da Chiusdino in un angolo geografico oggi tagliato fuori dalle grandi vie di comunicazione, restano ancora i ruderi di uno dei più belli e grandiosi monumenti dell'architettura monastica medievale, ossia dell'Abbazia dugentesca dell'ordine cistercense.

L'insediamento cistercense in Montesiepi è antichissimo, ma la sua importanza economica raggiunge il suo apice nel XIII secolo. Si impone allora il problema dell'ampliamento del monastero e la costruzione dell'abbazia nel 1218. Per i privilegi imperiali e per donazioni di vescovi, quell'abbazia in val di Merse arrivò a possedere, nel XIV secolo, tutta la regione circostante e persino grosse proprietà nel territorio senese e nella Maremma. Aveva alle sue dipendenze altre abbazie in lucchesia, nel territorio fiorentino e pisano, nonché in Umbria. Il monastero acqui-

L' Alta Val di Merse, nei dintorni di Spannocchia.

Il borgo di Spannocchia, immerso in una folta vegetazione.

Pagina seguente
La Val di Merse nei dintorni di Palazzetto.

stò un'importanza tale che i suoi monaci furono spesso tra i protagonisti della vita pubblica del comune di Siena; a volte furono giudici, a volte notai, spesso si occuparono di medicina, divennero per la loro serietà e onestà arbitri nelle liti dei loro conterranei.
E fu così che, sia per la fama della loro vita spirituale sia per la potenza economica raggiunta, nell'anno 1250 si stabilì fra la Repubblica di Siena e i monaci un rapporto di cooperazione economico amministrativa e anche militare. La repubblica di Siena si impegnò a proteggere il territorio di San Galgano con le sue milizie, inviandolo in ispezione in quella zona almeno tre volte l'anno. Tale necessità era sopravvenuta dopo le scorribande delle compagnie di ventura, le quali preferivano l'allora importante contrada dell'abbazia e della val di Merse alle altre meno fertili e ricche.
Poi, inevitabilmente, sopravvenne il declino dell'insediamento cistercense, che, come tutte le cose di questo mondo, hanno un inizio e una fine. Arrivò la crisi religiosa della fine del XV secolo, diminuì la sicurezza nelle campagne, declinò il commercio senese e la bella vita fuggì presto anche da questa principale via del grande traffico. Ci furono le pestilenze, la miseria. Nel 1722 alcune parti dell'abbazia crollarono. Nel 1786 anche il campanile rotolò al suolo. E nel 1789 il tempio fu addirittura sconsacrato. Ma quel che rimane ancora oggi di architettonico, o fra le notizie dei pochi libri stampati e manoscritti, o fra le carte ingiallite delle canoniche, è sempre abbastanza per approfondire la storia dell'abbazia di San Galgano, che ha avuto una ragione di vita insieme alla sua Val di Merse.
Borghi, castelli e poi poderi hanno vissuto secoli attorno a quel fulcro di Montesiepi che dava impulso spirituale, economico e, perché no, anche culturale. Tutto quel che resta, anche ogni

casa isolata nella zona, ha una storia particolare, diversa dalle altre, perfino nei particolari architettonici. Ma sarebbe impossibile raccontarla, perché di ognuna è rimasto solo qualche censimento, qualche documento che parla di nati, di morti e di compravendite. Così la stria conosciuta dell'abbazia è un po' la salvezza della storia di tutti gli altri piccoli agglomerati. La popolazione, attorno a quell'affluente dell'Ombrone e sopra i poggi e le colline caratterizzate da un manto boschivo che, man mano che si segue il corso del Merse, diventa sempre più macchia mediterranea, è vissuta di risorse agricole, di piccoli scambi commerciali, e, fin dai tempi più antichi, di lavoro in miniera. Le vecchie miniere delle Cetine, di Spannocchia, di Montieri, erano note sin dall'epoca etrusca e furono rese attive appunto nel basso medioevo. E proprio fin da quell'epoca era nota la lavorazione della pietra e della pirite: ne fanno fede col loro stesso nome i nuclei di origine medioevale di Marmoraia e di Pietraia.
Il sorgere dell'Abbazia di San Galgano divide in due la storia della vallata: quella antecedente e quella dopo la sua costruzione. Agli inizi c'erano insediamenti prelatini. Lo dimostrano i ritro-

vamenti di tombe, di oggetti di terracotta e monete, nonché di scorie di minerali a Montieri e a Populonia, che hanno rivelato lo stesso metodo di fusione. Quindi queste colline metallifere avevano già attratto i primi popoli lavoratori. Poi i longobardi, che giunsero piuttosto presto, in quanto un diploma del loro re Liutprando, emanato ai primi del Settecento, parla di un 'Fluvius Mersae'. Infine, su su, altre invasioni: con i Lucchesi arrivano le prime famiglie nobiliari, i carolingi e il feudalesimo con il suo sfruttamento. Dopo giunsero famiglie come gli Aldobrandeschi, i Gherardesca, gli Ardengheschi. Fece capolino la Chiesa volterrana con il suo vescovo. Subentra poi Siena e domina su quel contado destinato ad essere sempre alla mercé di nuovi padroni pronti a rapinare l'insufficiente grano e i rari metalli.
Infine, nell'epoca già descritta, ecco l'ingresso nella storia della comunità cistercense con la presenza fisiologica dell'abbazia che rappresenterà, anche in virtù degli accordi presi con la Repubblica di Siena, il fulcro, il punto focale per la vita politica, sociale ed economica della zona.E furono proprio gli accordi presi con la repubblica di Siena che permisero all'abbazia di trasferire un po' di autonomia e libertà anche alla popolazione della val di Merse.
Benessere, carestie, medicine e pestilenze, preghiere e dissidi furono per tre secoli vissuti insieme, con fiducia, dalla popolazione della Val di Merse in comunione con l'abbazia. Dopo seguì la progressiva decadenza, il calo demografico, che non ha ancora toccato il fondo, e lo spopolamento che oggi si è trasformato in emigrazione. Una parentesi di soddisfazione si doveva avere sotto il dominio dei Medici e dei Lorena. Un po' di ripresa si sarebbe vista con la mezzadria leopoldiana e con la più recente bonifica. Altri sintomi di rinnovamento sono stati avvertiti nella vita e nell'economia. Ma niente è stato di maggior importanza dell'abazia di San Galgano per la sua vallata: cioè la soddisfazione per la Val di Merse intera, di aver primeggiato per secoli insieme alla sua abbazia. Popolo e comunità religiosa (cosa rara anche per quei tempi), più modestamente, avevano camminato insieme verso il progresso.

L'abitato di Montieri, che conserva intatto un pittoresco nucleo medievale.

THE VALLEY OF THE MERSE

The monumental complex of San Galgano, located at the south-westerly borders of the province of Siena, rises close to the intersection of two roads that have great historical and economic importance. One, called "Massetana", links up the Sienese territory with Massa Marittima, the mines of the Metalliferous Hills, and the Tyrrhenian Sea with its ports and islands. The other, known as "Maremmana", unites Siena with Grosseto, the heart of the Maremma, an ancient and vital domain of the Sienese Republic. Both roads joins the Aurelian Way with the Cassian and Francigena Ways, a very important improvement route in Medieval economic and religious life. As well as being a road centre, the abbey of San Galgano was the dominating point of the valley of the Merse river, a tributary of the Ombrone: to be exact, on the south-eastern tip of the Metalliferous Hills, that abound in important mines that have been exploited in every historical era, from the Etruscans down to our day. In the early Middle Ages, this zone was fully populated, and teemed with castles, villages, hospices and churches: Montieri, with its silver mines, was famous. The territory was bitterly fought over by powerful landed proprietors such as the Aldobrandeschi, Pannocchieschi, Gherardeschi and Ardengheschi families who were all Lombard or Salic in origin. Now, instead, the Metalliferous Hills have lost a good part of their population, to the serious detriment of the local economy.
The main causes for this decline and for the disappearance of castles, villages, and churches, were the fall of feudalism, the disinterest of the Sienese Republic, which only thought about exploitation, the mercenaries sent by the Florentines, the disappearance of the monks of San Galgano, and malaria. The latter was an almost normal occurrence in these territories with abundant water that stagnated easily.At present, the Valley of the Merse is fertile in natural beauties. The silence and the green of the maquis are not frightening, but seem to bestow a sense of peace of another era. The presence of wild boar and other animals does not break the spell. It is indeed this milieu, so harsh and mystical, with a man-sized economy, which gave hospitality to the political figure of a hermit, that was to give rise to that historical and artistic marvel which was – and is – the complex of San Galgano.

THE HISTORY

The abbey of San Galgano and the chapel of Montesiepi are rare pearls left by history, but which disregarded their surroundings. As soon as the contours of the land become less harsh in these parts, the presence of man is perceived everywhere. The Merse valley falls within the classic territory of the sharecropping of once upon a time, in which the small agricultural population lived scattered all over the place: one family for each house, and each house on the relative holding. Sometimes, several farm houses were grouped on the inside of an old community, or in any case around a larger building. Small rural cottages were often encountered on the hills, which today are isolated for the most part. They escape from the valleys, to perch on the higher points, in a position that was often inherited from the medieval castles. The few farm houses scattered throughout the zone also avoid, when they can, the bottoms of the narrow valleys, to settle in the sun on the ridges or on the small terraces cut into the hillside. Each holding has its own little history, which is evident in the walls, structures, and many other details. These are almost always ancient farm houses, often stolen from deteriorated medieval rural nuclei. We find holdings that are less than two hundred years of age only in the brief level areas. At present, however, many of the farm houses scattered throughout this countryside have been abandoned. The territory of the valley is now considered a 'depressed zone', and shows all the most evident characteristics of depression: depopulation, backward agriculture, a lack of industrial settlements. There are even people who would like to enlarge it, in order to build a dam that would be useful – they say – in quenching the thirst of the dry territory of the Grosseto area. So, doesn't this valley, this hydrographic basin that extends for about six hundred square kilometres between the communal territories of Montieri, Radicondoli, Chiusdino, Sovicille, Murlo, Monticiano and Roccastrada, count for anything any more? And yet the valley of the Merse has a history second to none, and this fantastic history, this unique past, have a name, indeed, a paternity: the Abbey of San Galgano and the Chapel of Montesiepi. These are what remains of the abbey, these are the umbilical cord that connects the valley and the remaining population to its unusual history. Unfortunately, the most splendid story of the Val di Merse, the one linked to the originating of the Abbey of San Galgano, can today be discovered amid the first pages of studies dedicated to a description of the degradation and demographic and economic collapse of this district. Students and scholars do continuous research on the vanished or greatly impoverished localities. Therefore, they quite frequently discover built-up areas that were once famous and the protagonists during golden ages. This is the case of the excellent degree thesis by Simonetta Bertini of Ciciano. Journalists and writers, after having reported on the present sad abandonment of the region, have not missed the opportunity to search out its most glorious historical origins. Seven hundred years ago, the Abbey and the Val di Merse were both richer and more vital compared to other areas in Tuscany. As we have said, they were two entities that could not be separated. And with the aim of honouring this reality that was (but is and always will be) precious for historians and humanists, here is the unusual history of San Galgano, side by side with which we can set the more extensive one of its entire Val di Merse.

At an altitude of three hundred metres above seal level, a little more than seven kilometres from Chiusdino in a geographic corner that today is cut off from the important communications roads, there still remain the ruins of one of the most beautiful and grandiose monuments of medieval monastic architecture: the 13th-century monastery of the Cistercian order. The Cistercian settlement in Montesiepi is very old, but its economic importance reached its culmination during the 13th century. In 1218, the problem arose of enlarging the monastery and building the abbey. Through imperial privileges and the donations of bishops, in the 14th century this abbey in the Val di Merse came to own the entire surrounding region and even enormous properties in the Sienese territory and in the Maremma. It had other abbeys under it in Lucchesia and in the territories of Florence and Pisa, as well as Umbria. The monastery took on such importance that its monks were often among the protagonists of public life in the Commune of Siena: at times they were judges, sometimes notaries; they were often involved in medicine; and thanks to their seriousness and honesty, they often acted as arbitrators in controversies between their fellow-countrymen.

And thus it was that, in 1250, due to both the fame of their spiritual life and also to the economic power they had attained, a relationship of economic, administrative and even military co-operation was established between the monks and the Republic of Siena. The latter committed itself to use its troops to protect the territory of San Galgano, sending them in to inspect the zone at least three times a year. The need for this had come about after the raids by bands of mercenaries, who preferred the then-important region of the abbey and the Val di Merse to the other less fertile, poorer regions. Then, inevitably, the decline in the Cistercians settlement occurred: like all things in this world, it had both a beginning and an end. There was a religious crisis at the end of the 15th century, safety in the countryside decreased, Sienese commerce declined, and the good life soon fled also from this main route of important traffic. There were plagues and poverty. Several parts of the abbey collapsed in 1722. In 1786, the bell tower also fell to the ground. And in 1789, the temple was actually deconsecrated. But what still remains today of the architecture, either amid the information of the few printed books and the manuscripts, or among the yellowed documents of the presbyteries, is still enough for getting to the bottom of the history of the abbey of San Galgano, which had a justification for living together with its Val di Merse.

Villages, castles, and then holdings existed for centuries around that fulcrum of Montesiepi which provided spiritual, economic, and – why not? – also cultural stimulus. Everything that remains, even every isolated house in the area, has an individual history that is different from the others, even in the architectural details. But it would be impossible to narrate it, because only a few censuses are left of each one, a few documents that deal with births, deaths and sales contracts. So, the stria of the abbey that is known is somewhat the salvation of the history of all the other little populated areas. Around that tributary of the Ombrone and above the mounds and the hills characterised by a wooded mantle that, as it gradually followed the course of the Merse, became always more Mediterranean maquis, the population lived from agricultural resources, small commercial bartering and, ever since very ancient times, working in the mines. The old mines of Le Cetine, Spannocchia and Montieri had been famous since the Etruscan era, and were made active in fact during the late Middle Ages. It was since that era that the working of stone and pyrite had been well-known: the names of the nuclei of medieval origin, Marmoria and Pietraia, bear this out.

The originating of the Abbey of San Galgano divided the history of the valley into two periods: the one preceding, and the one following, its construction. At the beginning, there were pre-Latin settlements. This is demonstrated by the finding of tombs, terracotta objects and coins, as well as of mineral slag at Montieri and Populonia, which revealed the same method of fusion. These metalliferous hills had therefore already attracted the first working populations. Then, the Lombards arrived very near: a diploma of their king Liutprando, issued in the early 700s, spoke of 'Fluvius Mersae'. Lastly, other invasions: with the armies from Lucca came the first noble families, the Carolingians, and feudalism with its exploitation. Later, families like the Aldobrandeschis, Gherardescas, and Ardengheschis arrived. The Church of Volterra emerged with its bishop. Then, Siena took its place, and dominated this territory that was destined always to be at the mercy of new rulers who were ready to rob the insufficient wheat and the rare metals. Finally, during the period already described, the Cistercian community entered the story with the physiological presence of the abbey, which was to represent – also in virtue of the agreements made with the Republic of Siena – the fulcrum, the focal point for the political, social and economic life of the zone. And it was indeed the agreements made with the Republic of Siena that made it possible for the abbey to transfer a little autonomy and freedom also to the population of the Val di Merse. Well-being, famines, medicines and plagues, prayers and conflicts, were confidently experienced for three centuries by the population of the valley of the Merse, together with the abbey. Subsequently, there followed the progressive decline, the demographic drop, which has not reached its minimum, and the depopulation, which today has been transformed into emigration. There must have been a parenthesis of satisfaction under the rule of the Medicis and the Lorraines. A small revival was reportedly seen with the Leopoldine sharecropping and with the more recent land reclamation. Other symptoms of renewal were felt in living and in the economy. But for its valley, nothing was of greater importance than the abbey of San Galgano: that is, the satisfaction for the whole Val di Merse to have been pre-eminent for centuries, together with its abbey. Population and religious community (a rare thing for those times), more modestly, had proceeded together towards progress.

Il fiume Merse.

L'Eremo di Montesiepi

La storia di Galgano Guidotti (1148-1181) e la sua breve ma intensa vita eremitica – di cui si narra nel capitolo "San Galgano e la spada nella roccia" – avevano commosso i contemporanei e, già nel 1185, il papa Lucio III l'aveva dichiarato santo. Il vescovo volterrano Ugo Saladini ordinò che fosse sepolto accanto a quel masso che serrava ancora la croce-spada, unico segno religioso che avesse animato la solitudine del giovane cavaliere.

E a delimitazione del luogo sacro ordinò la costruzione di una cappella che, come un mausoleo, cingesse la tomba e la roccia, e iniziò un vicino cenobio in cui avrebbe fatto venire i Cistercensi, dotandoli di beni terrieri. Ciò fu possibile perché, in quell'epoca, buona parte del territorio di Chiusdino apparteneva al dominio religioso e civile dei vescovi volterrani.

Anzitutto conviene parlare della Rotonda di San Galgano, sorta senza attiva partecipazione dei Cistercensi, ma costruita in forma singolare e quasi unica da maestranze locali; fu iniziata attorno al 1183 e consacrata dal vescovo di Volterra Ildebrando Pannocchieschi nel 1185.

La destinazione tombale della chiesa di Montesiepi è in stretto rapporto con la sua architettura, che ricorda le antiche tombe romane ed etrusche; in realtà lo sconosciuto architetto si ispirò alla tomba di Cecilia Metella sulla via Appia e al Pantheon per il tamburo, mentre la cupola richiama le antiche tombe etrusche di Vetulonia e Volterra.

L'interno della Rotonda dell'Eremo di Montesiepi, con l'abside semicircolare e le due monofore a doppio strombo.

Pagina precedente
L'Eremo di Montesiepi, che prende il nome dall'altura su cui è eretto.

L' esterno della Rotonda

Veduta panoramica dell'Eremo.

L'esterno si presenta ben delineato nella sua forma circolare: è costruito con base di pietra fino a 4 metri e la pietra si alterna con una triplice fila di mattoni a vista; tale alternanza crea una vivace bicromia di rosso e bianco che rompe la monotonia dell'edificio; in questo motivo ornamentale è chiara la derivazione dei vicini monumenti romanici di Pisa e Lucca.
La parte superiore è del 1300, costruita in cotto con due anelli: quello inferiore a dente di sega, il superiore in pietra; fu un'aggiunta dovuta al gusto del verticalismo, tipico dei Cistercensi, e alla necessità di evidenziare la Rotonda dalla trecentesca cappella delle pitture che s'innesta in stile ogivale senese e con poca delicatezza sul lato nord della chiesa. Sulla sommità domina una lanterna «cieca», ideata nel 1600 come appoggio alla copertura in cotto che sostituì il rivestimento in piombo della cupola, asportata e venduta nel 1500 dall'abate commendatario Girolamo Vitelli, triste figura di cui parleremo nella descrizione della grande chiesa abbaziale.
Un atrio, d'incerta datazione, è addossato alla Rotonda; in alto, cinque piccole sculture decoranti il cornicione (tre teste umane, una bovina e una foglia) di fattura arcaica e campagnola, tipica del romanico rurale della zona; in centro, un arco imponente e impreziosito da ornamenti in cotto; lo stemma mediceo è di chiara provenienza barocca.
Nel 1300 venne aggiunto il campaniletto in cotto, a due monofore sovrapposte a nicchie cieche e graziose sui lati minori. Lungo i secoli varie disavventure sciuparono alquanto la bellezza primitiva e unica dell'edificio. Nel 1700 il marchese Feroni di Frosini addossò la canonica alla chiesetta e costruì una stanza sull'atrio, compiendo una bruttura architettonica senza pari, raddoppiò il campanile e in vari punti furono affiancate piccole costruzioni esterne, destinate a servire per usi agricoli e domestici (nei muri si notano ancora le tracce dei tettini); tutto questo scempio fu eliminato nel 1924 con perfetti restauri, promossi dai conti Spalletti di Frosini.

L'interno della rotonda

La pianta della Rotonda di Montesiepi è indubbiamente singolare e, potremo dire, unica; è come un anello di congiunzione tra l'antichità e il Rinascimento, con quella grande conquista etrusco-romana che fu la cupola.
Il muro perimetrale, cerchio perfetto dello spessore di un metro e quaranta, regge la grande spinta della cupola emisferica; l'incontro del cilindro con la semisfera dà un impressione di raro equilibrio, l'armonia dell'insieme incanta il visitatore.
La cupola, separata da un cerchio di travertino, è costruita con l'antico sistema degli anelli concentrici, usato dagli etruschi nelle loro tombe a tho-

los; non ha nervature o costoloni che ne rompano l'unità o l'armonia. Gli anelli concentrici, bianchi e rossi come nell'esterno, sembrano sfumare in onde di ombra e luce, suggerendo e dando l'illusione dell'infinito.
Nel centro, la famosa roccia con la spada, che con la sua realtà storica mista a leggenda emoziona ancora chi sa meditare e cercare un insegnamento, senza lasciarsi prendere da quello scetticismo che impedisce di leggere il vero, anche se trasfigurato dalla poesia.
Il muro perimetrale è interrotto ad est da una graziosa abside semicircolare con una monofora a doppio strombo; tre porte, di cui una sull'asse dell'abside, in corrispondenza del pronao e due ai lati della stessa abside, si aprono a piano terra; una quarta porta è stata ricavata a metà altezza del muro, per cui si accede alla canonica e al campanile mediante una scaletta di legno.
Fino a tre metri e settantacinque il muro è di pietra bianca conciata, interrotta da strisce di mattoni e pietre che si perdono nella cupola. Le finestre, esclusa quella absidale, sono quattro, a doppio strombo e, al di sopra della cornice, quattro occhi tondi, tipiche delle antiche tombe romane.
L'interno della Rotonda subì nel 1700 vari scempi: essa fu ricoperta di orribili affreschi nella cupola, intonacata nei muri, soffocata da un enorme altare barocco, recintata nel centro con piccole colonne; il bel pavimento originale fu devastato nella parte centrale. I restauri del 1924 riportarono tutto all'originale bellezza.
Infine è bello notare che, nonostante gli otto secoli trascorsi, la chiesa sorge compatta e immune da cretti o fenditure, grazie alla bravura dei costruttori e alla perfetta forma geometrica.

La Cappella degli affreschi

Molti privati contribuirono all'arricchimento della cappella di San Galgano; un certo Vanni dei

Particolare del portale d'ingresso alla Rotonda, con il cornicione decorato e lo stemma mediceo.

Pagina precedente
La piccola porta di accesso a lato dell'abside della Rotonda.

L'esterno dell'Eremo, con il portale d'ingresso alla Rotonda e il campaniletto a vela.

Pagina seguente
La cupola ad anelli concentrici della Rotonda, vista dall'interno della piccola abside semicircolare.

Salimbeni donò un suo podere nei dintorni di Chiusdino, il cui reddito doveva essere utilizzato per costruire accanto alla Rotonda una cappella fatta di pietre ben squadrate e coperte di pitture. E verso il 1341 fu iniziata tale cappella: ebbe forma quadrata, con volta a crociera gotica quadripartita, appoggiata al lato nord della Rotonda. Subito dopo, probabilmente nel 1344, Ambrogio Lorenzetti la coprì di affreschi; nonostante i vari interventi di uno o più aiuti, il ciclo è in gran parte ritenuto del grande maestro, attivo dal 1419 al 1347. Gli affreschi subirono lungo i secoli numerosi affronti: gli uomini e il tempo li ridusse in pessimo stato, fino alla completa sparizione di alcuni.
Recenti restauri, eseguiti con abilità a spese della Fondazione Ercole Varzi di Milano, hanno fermato il processo di degradazione, ridonando agli affreschi buona parte del primitivo splendore, e magnifiche quanto inattese sinopie sono venute alla luce.
Purtroppo, della precedente decorazione pittorica sopravvive solo una metà, in parte abrasata; sono state perdute varie scene delle due parti laterali, e niente è rimasto di quanto dipinto sul muro ricurvo della Rotonda.

DESCRIZIONE DEGLI AFFRESCHI

La parete centrale ha due fasce di affreschi, divise da una cornice di pietra. Nella zona superiore lunata è rappresentata una Maestà: la Vergine Maria in trono, circondata da una schiera di angeli e santi; ai suoi piedi Eva, causa del peccato originale, e Maria, genitrice di Cristo, vincitore del male e fonte di vita spirituale; è un breve ma completo riassunto del Vecchio e Nuovo Testamento.
Nell'esecuzione della figura della Vergine si notano tre mani diverse: in verità, tracce superstiti dimostrano che furono due le Madonne dipinte e sovrapposte, i restauri recenti hanno fatto riaffiorare alcuni resti della precedente versione; l'aureola è tracciata con leggero rilievo e doratura.
La figura di Eva, che porta sulla spalla una pelle di capra da cui spunta un serpente ed ha in mano una frasca di fico, chiara allusione al noto episodio biblico, ricorda due celebri personaggi del

Il soffitto della Cappella degli affreschi con i quattro medaglioni lobati.

Pagina seguente
La parete di fondo della Cappella degli affreschi con la *Maestà* (registro superiore) e l'*Annunciazione* (registro inferiore) di Ambrogio Lorenzetti.

Buon Governo del Lorenzetti nel Palazzo Pubblico di Siena: la 'pace' e la 'sicurezza', gli stessi panneggi e la stessa nobiltà di espressione.
Tra i santi rappresentati notiamo Pietro, Paolo e i due Giovanni, in seconda fila ai lati del Trono; nel piano inferiore il Papa Lucio III, due eremiti vissuti nei dintorni e un santo vescovo. Le due figure in bianco rappresentano San Roberto e San Bernardo, fondatori dell'ordine cistercense; la donna che offre un cuore è Santa Geltrude, il Santo con la larga sporta in mano è San Galgano.
La sporta tenuta in mano dal giovane eremita è probabilmente un'allusione alla questua necessaria per procurarsi il cibo quotidiano; espressivo è il muto dialogo tra la Madonna e Santa Geltrude, che con una mano offre il cuore di San Bernardo e con l'altra lo indica, ricordando così la profonda devozione mariana del santo cistercense.

Nella fascia inferiore c'è una insolita e celebre *Annunciazione*. Il pittore, nella sua personale versione, aveva rappresentato la Vergine che si ritrae spaventata alla vista dell'angelo, abbracciando una colonna per sostenersi; la sinopia, di cui parleremo più avanti, ci conferma tale concezione originale e, forse, logica.
Ma, poco tempo dopo, questa immagine poco ieratica e non gradita ai contemporanei, venne trasformata da un seguace del Lorenzetti, che dipinse la Vergine in aspetto umile e riverente, secondo la tradizione senese. Costui rifece la testa e le mani con tecnica 'a secco', riutilizzando alcune linee precedenti; ma col tempo il rifacimento ha perso colore, mettendo allo scoperto la sagoma della primitiva Madonna che, con incerto contorno, si nota nella parte inferiore.
L'arcangelo Gabriele ha un insolito copricapo

La lunetta con la *Maestà* di Ambrogio Lorenzetti.

verde, e un ramo di palma nella mano destra, augurio di fecondità materna in Maria, madre di Gesù; dietro l'angelo, il contorno sbiadito del donatore degli affreschi. La composizione dell'angelo ricorda altre opere del Lorenzetti, come l'*Annunciazione* della Pinacoteca di Siena. La finestra, dipinta negli sguanci, fa parte della scena inserita nella stanza di Nazareth, di cui si notano in prospettiva il soffitto a cassettoni, lo scorcio del pavimento e altre vedute.
Nella fascia lunata della parete sinistra sono oggi visibili due terzi della composizione: San Michele invita Galano alla corte celeste. A destra, il giovane santo offre la roccia con la spada a San Michele, in segno di consacrazione di Montesiepi; l'angelo, a sua volta, lo invita a guadare la 'maestà' di Maria, madre di Gesù, fonte della 'pace' da lui tanto cercata. Ben modellate sono le figure dei due vescovi di Volterra, fondatori della Rotonda,Ugo Saladini e ldebrando Pannocchieschi. Anche qui, con intelligente mimica, si svolge un dialogo tra l'angelo e il santo; un dialogo che un cartiglio in alto, ora abraso, riportava.
Nella fascia inferiore della medesima parete c'è un panorama di Roma con relativa ed elaborata sinopia. È un buon lavoro in senso di profondità, gli edifici sono disposti ad angolo, l'uno verso l'altro, e rappresentano Castel Sant'Angelo (in versione non fedele) e la vecchia basilica di San Pietro. L'episodio raffigura la visione di un angelo sul castello che ripone la spada. Si tratta della celebre leggenda di San Gregorio Magno, che vide sul castello un angelo che riponeva la spada, in segno di perdono e di pace. L'episodio viene visto come un'analogia di quanto più tardi farà San Galgano: la spada omicida viene riposta e convertita in croce, segno di riconciliazione.
In basso, a sinistra, un'altra sinopia con due

Particolare dell'angelo dall'affresco con *l'Annunciazione* dipinta da Ambrogio Lorenzetti.

La rappresentazione ideale di Castel Sant'Angelo e della Basilica di San Pietro a Roma nella cappella affrescata da Ambrogio Lorenzetti.

Particolari dell'*Annunciazione* di Ambrogio Lorenzetti.

visioni di chiese: una gotica e l'altra circolare; rappresentazioni idealizzate della rotonda e dell'abbazia.
Sulla parete di destra, in alto, un folto gruppo di santi e angeli incamminati verso la Maestà di Maria; purtroppo l'affresco è in buona parte perduto. Tra i santi si riconoscono: Santo Stefano, San Fabiano, Sant'Orsola e il re Davide.
Nella fascia inferiore sono state collocate le due sinopie dell'*Annunciazione*. Non esagerano quei critici che definiscono la sinopia della Vergine un capolavoro di movimento, un preludio dei disegni rinascimentali.
Nel soffitto quadripartito, quattro medaglioni lobati; uno è distrutto, gli altri racchiudono alcuni personaggi dell'Antico Testamento. A destra il profeta Aggeo e a sinistra il profeta Abacuc; ambedue indicano la Maestà, sulla quale vi è un profeta non identificato.
Nel 1968 due opere, una tavola di Nicolò di

Segna, firmata e datata 1336, e una stupenda lignea di Ramo di Paganello (XIV secolo), furono trafugate da ignoti e mai recuperate.
Recentemente sono state collocate in chiese opere di valore notevole: una stupenda icona, rappresentante la Vergine col bambino Gesù, d'ispirazione russa, dipinta con l'antica tecnica a base di sostanze naturali come il miele e la chiara d'uovo, da Donna Ursula, monaca benedettina olivetana della sottostante abbazia; una statua lignea raffigurante San Galgano, lavoro del pittore Nino Gorni di Brescia, donata alla chiesa in segno di profonda ammirazione verso il Santo e il suo tempio; e infine un artistico reliquario in argento, di forma moderna, in cui è stato riposto il capo di San Galgano. È opera dell'orefice Bino Bini, e dono di Francesco Pancioli di Montecatini.

The story of Galgano Guidotti (1148-1181) and his brief but intense life – narrated in the chapter "Saint Galgano and the sword in thre rock" – had touched his contemporaries, and already in 1185 Pope Lucius III had had him declared a saint. The Bishop of Volterra, Ugo Saladini, decreed that he be buried next to that rock that still held the sword-cross, the only religious emblem that had enlivened the young knight's solitude. And, at the limits of the holy place, he ordered the building of a chapel which, like a mausoleum, encircled the tomb and the rock. He also initiated a nearby monastery, to which he was to have the Cistercians come, endowing them with landed property. This was possible because, at that time, a good part of the territory of Chiusdino belonged to the religious and civil dominion of the Bishops of Volterra.
Above all, the Rotonda of San Galgano must be mentioned: it arose without the active participation of the Cistercians, but was built in a particular and almost unique shape by local workmen. Initiated in 1183, it was consecrated by Ildebrando Pannocchieschi, Bishop of Volterra, in 1185.
The destination of the church of Montesiepi as a burial place has a close connection with its architecture, which recalls the ancient Roman and Etruscan tombs. In reality, the unknown architect took his inspiration for the tambour from the tomb of Cecilia Metalla on the Appian Way and from the Pantheon. The cupola recalls the ancient Etruscan tombs of Vetulonia and Volterra.

The Exterior of the Rotonda

The exterior is very well delineated in its circular shape: it is built with a base of stone down to 4 metres, and the stone is alternated with a triple row of decorative bricks. This alternating creates a brilliant colour duo of red and white, which breaks up the monotony of the building. The derivation of the nearby Romanesque monuments in Pisa and Lucca in this ornamental motif is clear.
The upper part is from the year 1300. It was build of fired brick with two listels: the lower one is serrated; the upper is of stone. This addition was thanks to the taste for verticalism that was typical of the Cistercians, and to the necessity for pointing up the Rotonda from the 14th-century chapel of paintings that is grafted, in Sienese ogival style and with little delicacy, onto the north side of the church. At the pinnacle, a "bull's eye" lantern dominates: this was devised in 1600 as a support to the fired-brick covering that replaced the lead covering of the cupola. This was removed and sold in 1500 by the commendatory abbot, Girolamo Vitelli, a sad figure who will be mentioned in the description of the large abbey church.
An atrium of an uncertain date is back to back with the Rotonda: on high, there are five small sculptures decorating the cornice (three human heads, one bovine and a leaf) of archaic and rustic construction, typical of the rural Romanesque style of the zone. In the centre, there is an imposing arch embellished by fired-brick ornaments. The Medici coat of arms obviously comes from the baroque era.
The fired-brick small bell tower, that has two windows with one opening, superimposed on charming blind recesses on the lower sides, was added in 1300. Over the course of the centuries, various unfortunate events have greatly spoilt the primitive and unique beauty of the building.
In 1700, the Marchese Feroni di Frosinoni placed the priest's house back to back with the little church and built a room over the atrium, thus executing an incomparably ugly piece of architecture; he also doubled the bell tower. Then, in various points, there were flanked small outside buildings, intended for agricultural and domestic (in the walls can still be noted traces of the small roofs). All of this havoc was eliminated in 1924, with perfect restorations, promoted by the Spalletti counts of Florence.

The inside of the Rotunda

The design of the Rotunda of Montesiepi is unquestionably unusual and, we may say, unique. It is like a joining ring between ancient times and the Renaissance, with that important Etruscan-Roman achievement that is the cupola.
The perimetral wall, a perfect circle with a width of one meter forty, supports the large thrust of the hemispheric cupola. The meeting of the cylinder with the half-sphere imparts an impression of rare balance; the harmony of the ensemble enchants the visitor.
Separated by a circle of travertine, the cupola is built with the ancient system of concentric rings that was used by the Etruscans in their tholos tombs: there are no ribs or vaulting ribs interrupting the unity or the harmony. The concentric circles, white and red as on the outside, seem to fade away into waves of shade and light, suggesting and giving the illusion of infinity.
In the centre, the famous rock with the sword which, with its historical reality mixed with legend, still moves anyone who knows how to meditate and search for a discipline, without letting himself be overcome by that scepticism which prevents one from interpreting the truth, even if transfigured by poetry. The perimetral wall is interrupted to the east by a charming semicircular apse that has a window with a single opening and with a double embrasure. There are three doors, one of which on the axis of the apse, in correspondence with the pronaos, and two on the sides of the said apse; they open on the ground floor. A fourth door had been made at mid-height of the wall. Therefore, access to the presbytery and to the bell tower was by means of a short flight of wooden steps.
Up to three metres seventy-five, the wall is of white stone in a bad state, interrupted by stripes of bricks and stones that disappear into the cupola. There are four windows, excluding those in the apse. They have double embrasures and, above the cornice, there are four round eyes, typical of the ancient Roman tombs.
In 1700 the interior of the Rotunda underwent various types of havoc. It was covered with dreadful frescoes in the cupola, plastered in the walls, suffocated by an enormous baroque altar, fenced in, by small columns, in the centre. The central part of the beautiful original floor was devastated. The 1924 restorations brought everything back to its original splendour.
Lastly, it is good to note that, despite the passing of eight centuries, the church rises compactly and immune from cracks or fissures, thanks to the skill of the builders and to the perfect geometrical form.

The chapel of the frescoes

Many private individuals contributed to the enrichment of the chapel of San Galgano: a certain Vanni dei Salimbeni donated his holding in the vicinity of Chiusdino, the income of which was to be used to build, next to the Rotunda, a chapel made of well-squared stones and covered with paintings.
This chapel was begun around 1341: it was square in shape, and had a quadripartite Gothic cross vault, based at the north side of the Rotunda. Immediately afterwards, probably in 1344, Ambrogio Lorenzetti cove-

red it with frescoes: notwithstanding the various interventions of one or more assistants, the cycle is considered to be for the most part by the great Lorenzetti, active from 1419 to 1347. Down through the centuries, the frescoes have undergone numerous affronts: men and time have reduced them to very poor conditions, to the point that some have even disappeared.
Recent restorations, skilfully carried out by the Fondazione Ercole Varzi in Milan, have halted the deterioration process, giving back to the frescoes a good part of their former splendour. Magnificent if unexpected sinopites have come to light.
Unfortunately, only a half of the previous pictorial decorations has survived, in part scraped off. Various scenes of the two lateral parts have been lost, and nothing remains of what was painted on the curved wall of the Rotunda.

DESCRIPTION OF THE FRESCOES

The central wall has two bands of frescoes, divided by a stone frame. In the upper crescent-shaped part, a Maestà [Majesty] is represented: the Virgin Mary is on the throne surrounded by a band of angels and saints. At her feet, Eve – the cause of original sin – and Mary the mother of Christ, victor over evil and fount of spiritual life. This is a brief but complete summary of the Old and New Testaments.
Three different hands can be seen in executing the figure of the Virgin: actually, surviving traces prove that two Madonnas were painted and superimposed. Recent restorations have caused several remnants of the previous version to re-emerge. The halo is traced with a slight relief and gilded.
The figure of Eve, who wears on her shoulder a goat skin from which a snake appears, and carries in her hand a fig leaf, a clear allusion to the well-known biblical episode, recalls two famous personages of Lorenzetti's Buon Governo in the 'Palazzo Pubblico' in Siena: 'Peace' and 'Safety', the same draperies and the same nobility of expression.
Among the saints represented, we note Peter, Paul and the two Johns, in the second row at the sides of the Throne. On the lower level, Pope Lucius III, two hermits who lived in the environs, and a bishop-saint. The two figures in white represent St Robert and St Bernard, founders of the Cistercian order. The woman who offer a heart is St Gertrude, the saint with the large basket in his hand is St Galgano.
The basket held in the hand of the young hermit is probably an allusion to the begging necessary for procuring one's daily bread. The mute dialogue between the Madonna and St Gertrude, who with one hand offers the heart of St Bernard and with the other, indicates him, is expressive and recalls the deep Marian devotion of the Cistercian saint. In the lower band, there is an unusual and famous Annunciation. In his personal version, the painter had represented the Virgin who is portrayed as fearful at the sight of the angel, hugging a column to support herself. The sinopite of which we shall speak further on confirms to us this original and, perhaps, logical concept.
But a short time later, this not very priestly image that was not appreciated by his contemporaries, was transformed by a disciple of Lorenzetti's, who painted the Virgin as humble and reverent in appearance, according to the Sienese tradition. He remade the head and hands using a 'dry' technique, re-utilising several previous lines. But with time, the remaking has lost colour, revealing the outline of the earlier Madonna who, with an uncertain contour, can be noted in the lower part.
The Archangel Gabriel has an unusual green head covering, and a palm branch in his right hand, an augury of material fecundity in Mary, the mother of Jesus. Behind the angel, the faded contour of the donor of the frescoes. The composition of the angel recalls other works by Lorenzetti, such as the Annunciation in the Siena pinacoteca. The window, painted in oblique lines, is a part of the scene inserted into the room in Nazareth, of which can be noted in perspective the coffered ceiling, the view of the floor, and other views. In the crescent-shaped band of the left wall, two-thirds of the composition can be seen today: St Michael invites Galgano to the heavenly court. To the right, the young saint offers the rock with the sword to St Michael, as a sign of the consecration of Montesiepi. In turn, the angel invites him to look at the 'majesty' of Mary, the mother of Jesus, fount of the 'peace' that He so longed for. The figures of the two bishops from Volterra, founders of the Rotunda: Ugo Saladini and Ildebrando Pannocchieschi, are well modelled. Here, too, with intelligent mimicry, a dialogue takes place between the angle and the saint: a dialogue that a scroll above, now erased, reported.
In the lower band of the same wall, there is a panorama of Rome with relative elaborate sinopite. It is a good work in the sense of depth; the buildings are arranged at an angle, one towards the other, and represent Castel Sant'Angelo (in a version that is not faithful) and the old Basilica of St Peter's. The episode depicts the scene of an angel on the castle who puts the sword away. This is the famous legend of St Gregory the Great, who saw over the castle an angel who put the sword away as a sign of pardon and of peace. The episode was seen as an analogy of what St Galgano was to do later on: the homicidal sword was put away and converted into a cross, the sign of reconciliation. On the bottom to the left, another sinopite with two scenes of churches: one Gothic and the other circular. They are idealised representations of the Rotunda and the Abbey.
On the right wall, above, a dense group of saints and angels are on their way in the direction of Mary's 'Majesty'. Unfortunately, a good part of the fresco has been lost. Among the saints can be recognised St Stephen, St Fabian, St Ursola, and King David.
In the lower band have been placed the two sinopites of the Annunciation. Those critics who have defined the sinopite of the Virgin to be a masterpiece of movement, a prelude to Renaisssance drawings, have not exaggerated.
In the quadripartite ceiling are four lobate medallions: one has been destroyed; the others include several personages from the Old Testament. On the right, the prophet Haggai and, on the left, the prophet Habacuc. Both indicate the 'Majesty', over which there is an unidentified prophet.
In 1968, two works, a panel by Nicolò di Segna, signed and dated 1336, and a magnificent wooden statue by Ramo di Paganello (14th century), were stolen by unknown persons and never recovered.
Recently, works of considerable value have been placed in churches: a wonderful icon, representing the Virgin and child Jesus, Russian in inspiration, painted with the ancient technique that has a base of natural substances such as honey and egg white, by Donna Ursula, a Benedictine Olivetan nun of the abbey below; a wooden statue depicting San Galgano, the work of the painter Nino Gorni of Brescia, donated to the church as a sign of greatest admiration for the Saint and his temple. And lastly, an artistic silver reliquary, modern in form, in which the head of St Galgano has been placed. It is the work of the goldsmith Bino Bini and the gift of Francesco Pancioli of Montecatini.

L'Abbazia di San Galgano

Il complesso abbaziale di San Galgano fu iniziato, secondo recenti studi, in Val Merse, nel piano sottostante la Rotonda verso il 1218; la costruzione sorse con una planimetria tipicamente cistercense ma mostra, in numerosi particolari, degli elementi suggeriti dal gusto artistico senese.
Da esempi rimasti e da vecchie relazioni, si può ricostruire lo schema distributivo dei vari edifici. Nel centro si trovava il chiostro, delimitato a nord dalla chiesa, a est dai dormitori al primo piano, e dall'aula capitolare e dallo scriptorium al piano terra; a sud dal refettorio e dalla cucina; a ovest da altri fabbricati come la portineria, la foresteria e i vari ambienti per lavori manuali e relativi magazzini.
Secondo alcuni documenti, riportati da Libanori nel 1645, l'architetto dell'intero complesso sarebbe stato un certo Curzio di Chiusi; la notizia non è accettata dagli storici, perché non è suffragata da documentazioni attendibili. Specialmente nei secoli XI, XII e XII i monaci cistercensi erano, per tradizione e per studi, ottimi architetti, e furono proprio loro a portare in Italia l'arte gotica; Fossanova, Santa Maria Maggiore in Ferentino e Casamari furono i primi esempi di tale stile e culle di architetti e scultori.
Importante fu l'adesione dei monaci cistercensi di Montesiepi all'Abbazia di Casamari nella diocesi di Veroli (Frosinone); secondo alcuni storici sarebbero stati gli stessi artefici di questa abbazia a delineare il piano strutturale della nascente abbazia di San Galgano, che doveva diventare, a sua volta, culla di numerosi architetti e maestri di pietra.
In effetti, il visitatore che ha osservato con attenzione le due abbazie, avrà notato la forte somiglianza tra i due monumenti, specialmente delle strutture delle chiese e, in modo particolare, dei pilastri e delle finestre.
Nacque, quindi, uno dei complessi monastici e

Uno dei fianchi della chiesa diroccata dell'Abbazia di San Galgano, aperto da monofore nell'ordine inferiore e da bifore – le cui colonnine divisorie sono andate tutte perdute tranne una – nell'ordine superiore.

Pagina precedente
L'interno della navata centrale verso l'abside.

Una suggestiva veduta della chiesa abbaziale, imponente rovina che si erge solitaria nella quiete della campagna circostante.

La facciata della chiesa con i tre portali di accesso.

Pagina seguente
L'interno della navata centrale visto dal portale mediano.

monumentali tra i più importanti d'Italia; le sue rovine "hanno ancora tale importanza da offrir modo all'artista che accuratamente le studi, di ricostruire nella sua mente l'immagine completa di quegli splendidi edifici e di trarne ispirazioni sublimi"
Tutto il complesso, nelle sue linee generali, è basato sopra uno stile di transizione tra lo stile romanico in declino e quello ogivale proposto dai monaci cistercensi; quindi l' abbazia di San Galgano è, in Toscana, il primo esempio di costruzione ogivale d'ispirazione borgognona, ma sempre presente è lo stile lombardo; il tutto è modificato e ingentilito dal gusto tipico dell'arte senese.
Le parti dell' abbazia che ancora si innalzano, spesso rimaneggiate, sono: la chiesa con le due sacrestie, l'aula capitolare lo scriptorium, la chiesina del cimitero e il piano superiore con le celle e la cappella delle reliquie.

LA FACCIATA

La facciata è, nella sua parte superiore, completamente scomparsa e parzialmente rifatta con semplici mattoni nei restauri degli anni anteguerra. La parte inferiore con tre porte, sebbene in pessime condizioni, ci da un idea del primitivo stato; si notano quattro colonne aggettanti preordinate a reggere il portico.
Stupendo e ben conservato è l'architrave della porta centrale che mostra un fregio curato e in rilievo, adornato da foglie di acanto a girali. Gli archi delle porte sono rotondi con architravi a sesto acuto in prominenza.
In una stampa deh 1715, di relativa fedeltà si notano sulla facciata alcuni importanti particolari: un loggiato a sei archi con tetto spiovente e lineare corona la parte alta, mentre in basso avanza d alcuni metri un portico a tre grandi archi a tutto sesto con pilastri e capitelli. È difficile accer-

tare l'esistenza di questi due elementi, in quanto non si trova memoria di essi in altri documenti.

L'INTERNO DELLA CHIESA

La chiesa è a croce latina, a tre navate; è lunga 71m e larga 21; sedici pilastri cruciformi la suddividono. Le arcate sono ampie e a sesto acuto con doppio archivolto a spigoli lisci; nelle navate laterali si nota un elegante fuga di archi più stretti e meno elevati.
Le finestre della navata centrale sono nell'ordine superiore di forma slanciate, in origine, bifore; si restringono presso il transetto, sormontate da occhi ornati con dentellature e perle un tempo traforate. Nell'ordine inferiore scorrono varie finestrelle romaniche, in contrasto gradevole con le ogive degli archi delle finestre superiori e dei valichi sottostanti.
Il transetto, è anch'esso a tre navate col lato orientale trasformato in cappella. nel lato nord una grande finestra ad arco acuto un tempo trifora, negli sguanci si aprono due archi che immettono nei sottotetti delle navate laterali, collegandosi con una scala a chiocciola di 85 gradini, in ottimo stato, che conduceva al sottotetto della navata centrale. In basso un porta immetteva nel recinto sacro del cimitero, due mensolette graziose sorreggono l'architrave.
Nel lato sud del transetto, un grande occhio traforato con archi acuti disposti a raggiera intorno ad un cerchio centrale; una porta sopraelevata conduce al dormitorio dei monaci e serviva per l'ingresso notturno in chiesa. In basso una porta conduce alla sacrestia con volta a crociera in mattoni e finire a sesto acuto in travertino e cotto.
L'abside è a forma quadrata; è difficile spiegare la bellezza armoniosa e chiara dell'insieme delle sei monofore col grande rosone; è un trionfo di vuoto luminoso sull'ombra delle pareti.
Probabilmente il rosone, stando alle tracce rimaste nell'imbotte, era composto da dodici petali

Veduta della navata centrale che termina nell'abside animata da due ordini di monofore e due oculi sovrapposti di differenti dimensioni.

Pagina precedente
Scorcio della navata laterale destra.

che, con due cerchi, formavano una ruota, simbolo della perfezione; il numero dodici risulta infatti dalla moltiplicazione del quattro (il mondo coi suoi punti cardinali) col tre (La divinità).
Anche il numero sette delle finestre è una simboli allusione ai sacramenti, atti sacri che uniscono l'uomo con Dio.
I capitelli sono più di un centinaio e denotano una cura precisa e rifinita, frutto di una maturità stilistica; sono di forme diverse e riproducono motivi ornamentali di gusto romanico e classico.
Il capitello del primo pilastro a sinistra è particolarmente interessante poiché mostra, ben scolpito, il viso di Ugolino di Maffeo, maestro capo degli intagliatori di pietra.
I piloni della chiesa hanno una struttura cruciforme con colonne incassate a più di metà; a circa tre metri dal pavimento i innalzato delle eleganti lesine che muovono da peducci a fogliame.
Le basi hanno la forma attica con le modanature classica alcune o, ogivali con foglie in rilievo; la maggior parte di esse sono sepolte da uno strato formato dalle macerie, che coprono l'antico pavimento di cotto.
Le volte della chiesa erano ogivali e quadripartite, come si può vedere dagli attacchi superstiti. Alcune volte sono state ricostruite con materiali di recupero sulle cappelle del transetto.
Purtroppo, il tempo e la negligenza dell'abbate commendatario Girolamo Vitelli, che vendette il piombo di copertura, ne causarono la completa rovina. Ad accelerarne la caduta fu il crollo del campanile, che sorgeva sul lato sinistro del transetto; era alto 36 metri e di forma semplice con cella campanaria a quattro loggette con architrave liscio. Rovinò completamente il 6 gennaio 1786 e travolse buona parte del tetto e del soffitto della chiesa, ormai del tutto abbandonata. La stupenda chiesa abbazia le divenne una cava di pietre e colonnine per i paesi e le fattorie dei dintorni.
Nonostante ciò, il visitatore che si pone davanti alla facciata interna resta incantato dallo spettacolo altamente poetico prodotto dalla fuga degli archi acuti e dalla snelle finestre, dalla luminosa bellezza dell'abside, dal contrasto del cotto col travertino, dal verde del pavimento di erba e dal soffitto azzurro di cielo. Tutta questa armonia di pietra, di cielo e di erba crea uno dei più caratteristici e suggestivi monumenti della Toscana; anche se la maestosità e l'originalità sono messe in evidenza, purtroppo, dalle rovine.

L'ESTERNO DELLA CHIESA

I lati esterni della chiesa sono imponenti nell'alternarsi della pietra e del mattone. I Contrafforti, distribuiti con rigorose misure, s'innalzano snelli; le finestre, anche se hanno perso la colonna centrale e i trafori, contribuiscono a rendere armonioso l'insieme dell'edificio.
A poca distanza dal lato nord, isolati nel verde, c'è una cappella in cotto della metà del XIII secolo, a due piani, adibita a ossario e oratorio del

L'unica bifora delle fiancate laterali che conserva la colonnina di divisione.

Pagina precedente
Il grande oculo con resti della decorazione a rosone aperto nella testata del transetto destro.

Il fregio ornamentale sull'architrave del portale mediano.

Pagine seguenti
Scorcio della navata laterale sinistra.

Interno della navata centrale verso la facciata.

Due degli oltre cento capitelli che si trovano nella chiesa dell'Abbazia.

Pagina seguente
Particolare delle colonnine binate nella parte di chiostro superstite.

cimitero dei monaci.
Sempre sul lato nord si nota la porta con due mensole in stile borgognone da cui si accedeva alle tombe racchiuse da un muro di cinta, adornato da colonne con teschi e croci. Imponente si alza, come un pilastro, il guscio quadrato che racchiude la scala ma chiocciola di cui abbiamo parlato.

IL CHIOSTRO

Il chiostro fu completamente distrutto, salvo un avanzo, e ricostruito con materiale originale nell'angolo nord est. Un gruppo di quattro capitelli monoblocco è ora sistemato della Rotonda di Montesiepi, indica un gusto tipicamente francese, come ancora si può notare nell' abbazia di Senaque in Provenza.
Sui lati superstiti del monastero si notano ancora le mensolette ad uncino, di travertino, sostegno delle travi che facevano da comignolo alla copertura del chiostro. Nel centro del giardino esiste ancora il pozzo con una tettoia rifatta varie volte in questo secolo.
Com'era il chiostro? Da vecchie descrizioni sembra che fosse quadrato e a colonne binate; non aveva volte ma copertura in travicelli. Partendo dalla chiesa, una piccola sala, con volte a crociera in mattoni e portale con arco gotico, era usata come seconda sacrestia.

LA SALA CAPITOLARE

Situata nel superstite lato sud del monastero; era la sala di riunione della comunità, dove l'abbate leggeva e commentava i libri sacri e la Regola di San Benedetto, distribuiva il lavoro e collettivamente si prendevano le decisioni.
Essa misura dodici metri per sedici e ci è giunta in buono stato. Due tozze colonne centrali con capitelli a volute sorreggono sei colte a crociera con costoni di pietra bianca in contrasto col rosso del mattone; esse danno l'impressione di alberi ramificati.
La sala prende luce da tre finestre ad arco tondo in stile romanico aperte sul lato orientale, e da due ampie bifore che fiancheggiano la porta ad arco acuto in cotto con cuneo in travertino. Le bifore, che danno sul chiostro, sono divise da due colonne sormontate da un unico capitello di pietra che sorreggono due archi a tutto sesto. Specialmente la seconda presenta una decorazione in cotto semplice ed originale, l'arco grande e i due minori sono a ferro di cavallo.
Subito accanto all'aula capitolare, quasi al centro dell'edificio, sono due androni ad arco pieno che conducono verso il fiume Merse, dove erano sistemate le stalle; nella stessa direzione si trovano gli orti e, in lontananza, sulla sponda del fiume, il mulino e la fonderia per i minerali delle colline circostanti.
Nel centro degli androni c'è un portale a sesto acuto che introduce al piano superiore, dove

Archi e colonne della navata laterale destra.

Pagina seguente
Una suggestiva veduta della Rotonda dell'Eremo di Montesiepi fotografata da una monofora della navata laterale sinistra della chiesa abbaziale.

sono sistemati, ricostruiti o fortemente restaurati, il dormitorio suddiviso in celle e una bella cappella che ripete i motivi architettonici della sacrestia sottostante. Accanto a questa si notano la porta e i resti dell'antica scala che usavano di notte i monaci per recarsi in Chiesa.

LO SCRIPTORIUM

Infine si entra nello scriptorium, erroneamente indicato da tanti come refettorio: questo era situato sul lato sud ed è ora completamente scomparso.
Lo scriptorium era il luogo destinato ai lavori intellettuali o manuali di non ingombro, veniva sempre riscaldato e molte finestre lo inondavano della luce necessaria per il tipo di lavoro che vi veniva svolto.
Anche qui, a San Galgano, conta molte finestre ed è di notevoli proporzioni, diviso in due navate con cinque pilastri cruciformi, sui quali poggiano i sottarchi e i costoni delle volte ogivali. Lungo il muro sinistro si aprono piccole, ma graziose nicchie a volta acuta dove venivano riposte le lucerne e gli arnesi. Sull'intonaco delle volte si vedono ancora alcune tracce di una decorazione dipinta con ornamenti a girali di gusto francese.

Le bifore dell'ordine superiore sui fianchi laterali della chiesa abbaziale.

Pagina precedente
Veduta della navata laterale sinistra.

Pagine seguenti
Uno scorcio dell'interno della chiesa abbaziale che pone in rilievo – inquadrate da due dei sedici pilastri cruciformi che dividono le tre navate – le arcate a sesto acuto con doppio archivolto che sono una costante strutturale dell'edificio.

Sul lato destro della chiesa abbaziale si trovano le parti superstiti del Monastero di cui si conservano la Sala capitolare, la Sala dei monaci e un tratto del chiostro.

Un primo piano della porzione superstite del chiostro.

Un suggestivo particolare dell'interno della chiesa abbaziale.

Pagine seguenti
Una splendida panoramica sull'esterno dell'abside della chiesa tra campi e cielo.

The Abbey of San Galgano

According to recent studies, the abbey complex of San Galgano was begun around 1218, in the Val di Merse on the plain below the Rotunda. The building rose in accordance with a typically Cistercian planimetry, but in various details showed some elements suggested by Sienese artistic taste.
The distributive outline of the different edifices can be reconstructed from remaining examples and from old reports. In the centre is the cloister, circumscribed to the north by the church, to the east by dormitories on the first floor, and by the chapter hall and the scriptorium on the ground floor; to the south by the refectory and the kitchen; to the west by other buildings such as the porter's lodge, guest quarters and the various rooms for manual work and the relative storerooms.
According to several documents reported by Libanori in 1645, the architect of the entire complex was supposedly a certain Curzio di Chiusi. This information is not accepted by historians, because it is not borne out by reliable documentation. Particularly in the 11th, 12th and 13th centuries, the Cistercian monks were – by tradition and study – first-class architects, and they were the ones who brought Gothic art to Italy. Fossanova, Santa Maria Maggiore in Ferentino and Casamari were the first examples of this style and the cradle of architects and sculptors. The adhesion of the Cistercian monks of Montesiepi to the abbey of Casamari, in the diocese of Veroli (Frosinone) was important: according to several historians, it was the same creators of this abbey who outlined the structural plan for the rising abbey of San Galgano, which in turn was to become the cradle of numerous architects and masters of stone. Indeed, the visitor who has attentively observed the two abbeys will have noticed the strong resemblance between the two monuments, especially the structures of the churches and, in particular, the pilasters and the windows.
Thus, one of the most important Italian monastic and monumental complexes was born. Its ruins "still have this importance to offer to the artist who studies it carefully the way in which to rebuild in his mind the complete image of those magnificent edifices and to obtain from them sublime inspiration".
In its general lines, the entire complex is based over a style of transition between the Romanesque style, that was in decline, and the ogival style proposed by the Cistercian monks. So, in Tuscany, the abbey of San Galgano is the first example of an ogival construction of Burgundian inspiration. But the Lombard style is always present. The ensemble is modified and refined by the typical taste of Sienese art.
The parts of the abbey still standing, that have often been remodelled, are the church with the two sacristies, the chapter room, the scriptorium, the little cemetery church, and the upper floor with the cells and the chapel of reliquaries.

The façade

The upper part of the façade has completely disappeared. It was partially rebuilt with simple bricks during restoration in the pre-war years. Although in dreadful conditions, the lower part with its three doors gives us an idea of the former state. Four protruding columns that were preordained to support the portico, can be noted. The architrave of the central door is magnificent and well-preserved: it shows a well-kept frieze in relief, embellished with acanthus leaves in plant volute. The arches of the doors are round with architraves with pointed arches in prominence.
In a print of 1715 that is relatively faithful to the original, several important details can be noted on the façade: a six-arch open gallery with inclined and linear roof surface crowns the high part, while below, a portico with three large round arches with pilasters and capitals, has been moved forward three metres. It is difficult to ascertain the existence of these two elements, since no mention is made of them in any document.

The interior of the church

The church is in the form of a Latin cross and has three naves; it is 71 metres long and 21 metres wide; sixteen cruciform pilasters subdivide it. The arches are wide and pointed, with a double archivault with smooth edges. In the side naves, an elegant series of arches, narrower and less elevated, can be noted. The windows of the central nave are, in the upper order, soaring in form, originally with two openings; they become narrower in the transept, surmounted by eyes decorated with denticulations and beadings that were once perforated, In the lower order, various Romanesque small windows proceed rationally, in pleasant contrast with the ogives of the arches of the upper windows and of the crossings underneath.
The transept also has three naves with the eastern side transformed into a chapel; on the north side, a large window with a pointed arch that once had three openings; in the obliquities, two arches open that run into the lofts of the lateral naves, connecting up with a spiral staircase with 85 steps, in excellent condition, which used to lead to the loft of the central nave. Below, a door used to lead into the sacred enclosure of the cemetery; two lovely corbels support the architrave.
On the south side of the transept, there is a large perforated eye with pointed arches arranged in a sunburst around a central circle. A raised door leads to the monks' dormitory, and used to serve for entering the church at night. Below, a door leads to the sacristy, with a cross vault made of bricks and finishes with a pointed arch made of travertine and fired brick.
The apse is square-shaped. It is difficult to explain the harmonious, limpid beauty of the aggregate of the six single-opening windows with the large rose window: it is a triumph of luminous space on the shadow of the walls. Probably – if we can believe the traces that have remained in the intrados – the rose window was composed of twelve petals which, with two circles, formed a wheel, the symbol of perfection. The number twelve results, in fact, from multiplying four (the world with its cardinal points) by three (the Divinity).
Even the number seven of the windows is a symbolic allusion to the sacraments, sacred acts that unite man with God.
There are more than a hundred capitals, and they are a sign of a precise, refined attention, the result of a stylistic maturity. They are of different shapes, and reproduce ornamental motifs that are Romanesque and classical in taste. The capital of the first pilaster to the left is particularly interesting, because it shows, well sculpted, the face of Ugolino di Maffeo, master in charge of the stone cutters.
The pylons of the church have a cruciform structure, with columns deep-set more than half. About three metres from the raised floor, there are elegant pilaster strips which go from corbels to leaf work.
The bases? have an Attic shape, some with classic mouldings or ogival with leaves in relief. Most of them are buried by a layer formed of the rubble that covers the ancient fired-brick floor.
The vaults of the church were ogival and quadripartite,

as can be seen from the surviving attachments. Several vaults have been rebuilt with materials salvaged in the transept chapels.
Unfortunately, time and the negligence of the abbot commendator, Girolamo Vitelli, who sold the lead from the roof, caused the church's complete ruination. Its fall was accelerated by the collapse of the bell tower, which used to rise on the left side of the transept. It was 36 metres high, and had a simple form. The belfry had four small balconies with a smooth architrave. It collapsed into ruins on 6 January 1786, and took with it a good part of the roof and ceiling of the church, that by then was completely abandoned. The magnificent abbey church became a den of stones and little columns for the villages and farms in the vicinity.
In spite of this, a visitor who stops in front of the interior façade will remain enchanted by the highly poetic spectacle produced by the series of pointed arches and slender windows, the luminous beauty of the apse, the contrast of the fired brick with the travertine, the green of the grass floor, and the blue ceiling of the sky. All this harmony of stone, sky and earth creates one of the most characteristic and charming monuments in Tuscany, even if the majesty and the originality are unfortunately made evident by the ruins.

The outside of the church

The exterior sides of the church are imposing in the alternating of stone and brick. The buttresses, distributed very precisely, rise flowingly. Even if they have lost the central column and the perforations, the windows contribute to making the aggregate of the edifice harmonious.
A short distance from the north side, isolated in the green, there is a fired-brick chapel of the mid-13th century. On two floors, it was used as the ossuary and oratory for the monks' cemetery.
Also on the north side can be noted the door with two corbels in Burgundian style, through which there was access to the tombs, enclosed by a surrounding wall, adorned with columns bearing skulls and crosses. The square shell which enclosed the already-mentioned spiral staircase rises imposingly like a column.

The Cloister

The cloister was completely destroyed, except for a ruin; it was rebuilt in the north-east corner with the use of original material. A group of four single-block capitals is now set up in the Rotunda of Montesiepi, and is indicative of typically French taste, exactly as can be noted in the abbey of Sénanque in Provence.
On the surviving sides of the monastery can still be noted the travertine hook-shaped small truss, support for the beams that used to act as a tree to the roof of the cloister. In the centre of the garden the well still exists: the covering to it has been remade several times during this century.
How was the cloister? From the old descriptions, it seems that it was square in shape and had coupled columns. There were no vaults, but its roofing consisted of small beams. Arising from the church, a small room, with cross vaults made of bricks and a portal with a gothic arch, was used as a second sacristy.

The Chapter Hall

Located in the surviving south side of the monastery, it was the meeting room for the community, where the abbot read and commented the sacred texts and the Rule of St Benedictine, and distributed the work, and where decisions were collectively made.
It measures twelve by sixteen metres, and has come down to us in good condition. Two squat central columns with vaulted capitals support six cross-cultivated ones with ribs of white stone, contrasting with the red of the bricks. They give the impression of ramified trees.
The room gets the light from three Romanesque-style windows that have a rounded arch, opened on the eastern side, and from two wide windows with two openings that flank the door that has a pointed arch made of fired brick with a travertine wide-shaped stone. The windows with two openings, which look out onto the cloister, are divided by two columns surmounted by a single stone capital that support two round arches. The second one, in particular, has a fired-brick decoration that is both simple and original. The large arch and the two smaller ones are horseshoe-shaped.
Immediately next to the chapter hall, almost in the centre of the building, there are two passages that lead towards the Merse river, where the stables were located. The kitchen gardens are found in the same direction and, in the distance, on the bank of the river, there are the mill and the foundry for the minerals from the surrounding hills.
In the centre of the passages is a pointed-curve portal that leads to the upper floor, where are laid out, rebuilt or greatly restored the dormitory – divided into cells – and a lovely chapel that repeats the architectural motifs of the sacristy below. Next to this can be noted the door and the ruins of the ancient staircase that the monks used at night for going to church.

The Scriptorium

Lastly, there is the scriptorium, mistakenly indicated by many as the refectory. The latter was located on the south side, and has now disappeared completely.
The scriptorium was dedicated to intellectual work or manual work that did not take up much space. It was always heated, and many windows flooded it with the light necessary for the type of work carried out in it.
Here, too, at San Galgano, the Scriptorium boasts many windows. It is of considerable proportions, divided into two naves with five cruciform pilasters on which the undersides and the ribs of the ogival vaults rest. Small but charming alcoves with pointed vaults, in which the oil-lamps and tools were kept, open up along the left wall. On the plaster of the vaults can still be seen traces of a painted decoration with plant-volute ornaments that are French in style.

La storia

San Galgano e la spada nella roccia

Galgano Guidotti nacque nel 1148 da nobili genitori d'origine salica nel borgo di Chiusdino, piccolo centro che sorge compatto a ovest del complesso abbaziale.
Le vicende della sua vita sono state in parte trasfigurate da leggende che nascondono poeticamente una base storica. Una leggenda ritiene la sua nascita quasi miracolosa: i genitori, Guido e Dionisia, l'avrebbero avuto dopo lunghi anni di sterilità, per intercessione di San Michele arcangelo, molto venerato nella zona, specialmente nei piccoli centri delle alture circostanti. Galgano crebbe bello, spensierato, fiero e... prepotente. La sua giovinezza frivola e alquanto libertina ricorda la storia del suo quasi contemporaneo Francesco d'Assisi; come questi, Galgano sentì spesso l'inutilità della sua vita dissipata e provò il tormento di non avere uno scopo per cui vivere; il suo ambìto titolo di cavaliere non gli procurò quell'ebbrezza che si attendeva. E in quest'ansia, lentamente maturò la decisione di cambiare, di vivere in solitudine a contatto con Dio e la natura.
Consigliato da vari eremiti, numerosi in quella zona, e particolarmente da Guglielmo di Malavalle, fondatore di un celebre eremo nella Maremma, Galgano si ritirò sulla collina di Monte Siepi o Cerboli, a pochi chilometri da Chiusdino in direzione di Monticiano, dove visse poi per dodici mesi in una capanna circolare, costruita con frasche. Era il 21 dicembre del 1180.
Questa vocazione eremitica di Galgano è attribuita dalla leggenda a insistenti inviti dell'arcangelo Michele, che gli si manifestò nei sogni, indicandogli anche il luogo dove costruire la cella.
In risposta alle insistenze della madre Dionisia e della fidanzata Polissena di Civitella Marittima perché rientrasse in città, nonché agli scherni degli altri cavalieri, egli conficcò nella fessura di una roccia che affiorava nella capanna la sua spada, in segno della rinuncia perpetua alla guerra e della decisione di usare quell'arma come croce davanti a cui pregare. La spada ritta nel suolo aveva per i cavalieri del Medioevo un profondo significato spirituale: essa rappresentava e simboleggiava la croce, segno di fede e di aspirazione alla Crociata. Tale usanza, confermata da canzoni e storie cavalleresche, valeva, oltre che per manifestare un pubblico rifiuto della violenza, anche per pregare nelle pause religiose, e spesso veniva infissa davanti al capezzale di un cavaliere moribondo. Non bisogna dimenticare che la spada veniva benedetta solamente dal vescovo prima di essere consegnata al neo cavaliere, e s'intimava solennemente di usarla solo per difendere la fede e la giustizia. Secondo alcuni, probabilmente, la roccia in questioine doveva essere il centro di un più antico luogo sacro, dove spesso ci si radunava per solenni giuramenti; future perlustrazioni sotto la pavimentazione della chiesa, sorta attorno al masso, potrebbero rivelare notizie più certe.
Vari episodi leggendari mostrano San Galgano ben integrato nell'ambiente naturale; alcuni lupi frequentavano la sua capanna; la gente del contado lo visitava spesso per ricevere consigli e ottenere guarigioni. La sua vita solitaria a Montesiepi non fu, né da lui né dai vicini, considerata una fuga dal mondo e dai suoi problemi, ma un liberarsi dalle sovrastrutture costruite dall'uomo per angariare il prossimo; in tal senso, San Galgano, cavaliere che trasforma con un gesto simbolico la spada in croce, può essere considerato un coraggioso che, non curandosi della mentalità guerresca del suo secolo, affermò la supremazia della pace e della fede sulla sterilità della violenza.
Sarà un uomo «moderno» sicuramente per ogni epoca. Senza dubbio la vita eremitica non gli fu facile, tanto che a 33 anni, il 3 dicembre del 1181, morì. Secondo un'antica tradizione, erano presenti alla sua tumulazione i vescovi di Volterra, Massa Marittima e Siena, oltre agli abati cistercensi di Fossanova, Casamari e Tre Fontane di Roma; certamente è una leggenda, voluta per mettere in evidenza i buoni rapporti dell'abbazia con le tre diocesi confinanti, e l'unione dell'eremita con i monaci cistercensi che sarebbero sopraggiunti pochi anni dopo.

Opere d'arte un tempo esistenti a San Galgano

Dei numerosi oggetti d'arte di cui era ricca l' abbazia , pochissimi sono giunti a noi. Nella pinacoteca di Siena, si conserva la pala dell'altare maggiore di dimensioni notevoli (m. 3,63 x 0,47), dipinta verso il 1470 da Giovanni di Paolo. Quattro figure di santi dipinti su tavola: San Bernardo di Chiaravalle, Santa Maria Maddalena,

Il masso nel quale la leggenda vuole che San Galgano conficcasse la sua spada (quella che si vede in loco è però di epoca moderna) per pregare inginocchiato davanti all'elsa come fosse una croce.

Il pastorale di San Galgano (Siena, Museo dell'Opera del Duomo).

San Galgano e un santo cistercense. In basso otto scomparti dividono la predella con storie edificanti e stemmi dell' abbazia ; le formelle racchiudono storie riguardanti San Galgano, San Bernardo, Santa Maria Maddalena, ecc.
Eccezionali sono alcuni racconti sacri come la visione di Maria e San Bernardo e la leggenda dei tre sacerdoti che, per aver distrutto la capanna del santo, ricevono la punizione loro predetta.
Nel museo dell'Opera del Duomo di Siena si conserva l'imponente ed ornato Reliquario a forma di tempio gotico alto circa un metro. Conteneva, fino al 1977, la testa di San Galgano; fu portato via dall' abbazia intorno al 1500, e dal 1925 è conservato nel suddetto museo. È composto di argento bulinato, sbalzato e lavorato a filigrana; varie parti sono in rame fuso e inciso; il tutto indorato con smalti, pietre e vetri colorati. Ha la forma di un piccolo edificio gotico a otto lati con eleganti bifore ad archi acuti e centinati. D'incerta attribuzione, è datato verso la fine del XIII secolo; le scene cesellate riguardano santi, angeli e personaggi del Vangelo; plastica e fiorita è la scena in basso del giovane cavaliere che prega davanti alla spada-croce infissa nella roccia.
Nella chiesa parrocchiale del Castello di Frosini, a pochi chilometri dall' abbazia , si conserva un altro reliquario a struttura gotica di incerta attribuzione e databile verso il 1315. È alto 74 cm ed è costituito da una base a quadrifoglio sostenuta da quattro leoncini, da uno stelo a sei facce con nodo e da un pannello a cinque lati con doppia faccia e contrafforti terminanti con quattro pinnacoli che racchiudono un timpano frastagliato. È composto da rame e argento, ambedue dorati e lavorati a sbalzo o a fusione, con smalti traslucidi a vari colori; settantaquattro alveoli dentellati racchiudono altrettante reliquie di santi e negli spazi da essi formati vi sono teste di angeli graffite e ricoperti di smalti. Nella base delle due facce del pannello si notano due fregi con sei placchette graffite nel metallo e messe in risalto da smalti traslucidi; raffigurano episodi relativi alla vita di San Galgano; le scenette raccontano gli incontri del giovane cavaliere con San Michele, la costruzione della capanna a Montesiepi e la trasformazione della spada in croce.
Nel medesimo Museo dell'Opera del Duomo di Siena si conserva il glorioso e simbolico segno della dignità abbazia le: il pastorale usato dagli abati di San Galgano. È alto quasi due metri ed è in rame laminato con lavoro a bulino, figure incise e mese in risalto da smalto opaco. Il pastorale è composto da un'asta esagonale con motivi vegetali, interrotta da un nodo a tempietto gotico a sei facce con cuspide, pinnacoli e bifore tribolate con graziose finestrine circolari traforate. Nelle bifore sono rappresentati San Galgano e altri undici santi e più in alto figure di angeli con gli emblemi del santo: la spada-croce. Il pastorale termina con un riccio ad arco, nel centro la figura a tutto tondo di San Galgano in preghiera davanti alla spada infissa nel masso. Anche quest'opera è di incerta attribuzione e databile verso il 1320.
Altro oggetto di pregio è la cosiddetta "Corona di San Galgano" conservata sempre nel museo dell'Opera del Duomo di Siena. Ha una circonferenza di cm 71,3 altezza cm 12, con otto lacchette rettangolari collegate tra di esse con cerniere; è in bronzo dorato con smalti colorati.
Sulle placchette in caratteri gotici risaltano, grazie allo smalto traslucido, le lettere che compongono la scritta: "S. GHALGANO DE CHIUSLINO"; quattro scudi a mandorla rompono la dicitura e rappresentano gli stemmi di Chiusdino, paese natale del santo dell' abbazia . La corona, di fattura raffinata e originale, è d'incerto autore e di più ancora incerte utilizzazioni; è databile verso il 1325.

Storia umana e religiosa di San Galgano

I monaci cistercensi giunsero a prendere possesso del monastero di Montesiepi dopo la morte del santo eremita Galgano. Mentre la Rotonda fu voluta dal vescovo Ugo Saladini di Volterra e ideata da abili architetti o maestri costruttori secondo lo stile romanico, l' abbazia di San Galgano fu voluta e edificata secondo i più rigidi criteri dell'arte e della regola cistercense.
Un monaco francese di nome Bono fu il capo del gruppetto dei primi cistercensi che si stabilirono a Montesiepi verso il 1185, e che ai primi del XIII secolo si erano molto accresciuti per numero e per importanza civile e religiosa; lentamente, con nuovi religiosi, la comunità si inserì nell'ambiente, e varie nobilissime famiglie diedero monaci a San Galgano.
Intanto lo spazio sulla collina era insufficiente, e sempre più difficile era l'approvigionamento dell'acqua. La pianura sottostante, grazie ai lavori di bonifica, era divenuta salubre; quindi, sollecitati dal vescovo di Volterra, i religiosi iniziarono verso il 1224, a poche centinaia di metri più in basso, la costruzione della grande abbazia .
Nello stesso periodo San Galgano creò in altre parti della Toscana diverse filiazioni, e i monaci riformarono la decadente abbazia di Settimo presso Firenze. Donazioni e privilegi di papi, imperatori e nobili resero potente il monastero, ed enormi territori sparsi per tutta la Toscana crearono una buona situazione economica, che consentì la costruzione imponente della chiesa e del monastero nuovo con le sue officine e i suoi studi. I papi più generosi furono Innocenzo III, che nel 1206 dichiarò i monaci esenti da tasse e 'sub protectione' papale, poi Gregorio IX e Alessandro IV; tra gli imperatori si distinsero Enrico IV, Ottone IV e Federico II, che non solo furono munifici, ma spinsero i religiosi a continuare nelle loro ricerche scientifiche e nella bonifica delle terre.
Ed essi furono uomini abili in vari campi: dalla giurisprudenza alle scienze, si inserirono nel territorio senese come giudici e notai, come medici e farmacisti; la Repubblica senese li incaricò spesso di ambascerie di pace e di dirigere i lavori del

Il reliquiario della testa di San Galgano (Siena, Museo dell'Opera del Duomo).

Duomo di Siena. La loro grande maestria eccelse nell'architettura, nelle tecniche idrauliche e minerarie; vicino al fiume Merse, a quattrocento metri dall' abbazia , si notano ancora tracce di meri e di scorie, testimonianze di un'attiva fonderia.
Un monaco di nome Gnolo ebbe nel 1267 l'incarico dal governo senese di studiare se l'acqua del fiume Merse poteva essere incanalata fino alle porte di Siena, e numerosi mulini ad acqua furono impiantati sotto la sua direzione. I legami fra il governo senese e l'abbazia furono ottimi; il monastero era al centro del territorio dello Stato; i traffici provenienti dal mare e dalla Maremma vi sostavano ed erano protetti dai monaci, i quali spesso organizzavano fiere importanti. Molti monaci furono preposti alla 'Biccherna' come 'Camarlinghi', cioè gestivano il tesoro della Repubblica, incarico di estrema fiducia.
Ebbero addirittura per un certo periodo, come privilegio imperiale, la libertà di battere monete spicciole, che recavano impresse la spada nella roccia e il pastorale abbazia le. Ma tutto questo splendore economico, culturale e spirituale subì ben presto una decadenza; dal 1364 ci furono varie incursioni con saccheggi da parte di eserciti mercenari al servizio di Firenze, rivale di Siena; ma la più decisiva causa del decadimento fu la mai tanto deprecata 'commenda', vera peste che portò alla rovina numerosi monasteri; essa consisteva nell'affidamento dell' abbazia ad un abate titolare che spesso, vivendo lontano, si preoccupava soprattutto di percepire le varie rendite, a scapito dei monaci e della manutenzione degli edifici.
Il primo 'commendatario', che risale al 1503, fu il cardinale Federico Sanseverino; ne seguirono altri ventiquattro fino al 1787, quando i beni del monastero passarono in 'enfiteusi perpetua' ad una nobile famiglia dei dintorni. Tra i commendatari vi furono certamente uomini onesti e preoccupati del bene spirituale ed economico di San Galgano, ma nella maggior parte essi portarono con la loro cupidigia l' abbazia alla rovina, fino a renderla uno scheletro.
Tale fu, per esempio, Monsignor Girolamo Vitelli, che verso il 1559 lasciò deperire i poderi, alienò oggetti preziosi e vendette perfino il piombo del tetto delle due chiese, causa prima del crollo di tutto il tetto della basilica; una relazione del conte Montauto, governatore di Siena, definisce il suddetto Monsignore "abbataccio di mala natura" e chiede al Granduca di poterlo arrestare.
In questa triste situazione i monaci lentamente diminuirono di numero; nel 1550 erano appena cinque; nel 1576 un vescovo di Rimini afferma in una sua relazione che c'era un solo monaco, così malvestito da suscitare indignazione. La situazione migliorò nel 1670 quando il complesso abbazia le venne affidato ai Minori Osservanti, i quali furono sostituiti nel 1724 dai monaci Vallombrosani della vicina abbazia di Serena. Ma anche questi religiosi, a causa dell'ingordigia degli abati commendatari, abbandonarono tutto; intorno al 1729 Benedetto XIII stabilì il ritorno definitivo dei Minori Osservanti, che vi risedettero fino al 1786, quando la caduta del campanile sulla grande chiesa pose fine ad ogni vita religiosa. Soltanto l'Eremo venne restaurato e dichiarato 'pieve'; un sacerdote diocesano ebbe l'incarico di ufficiarlo; i beni agrari e gli immobili divennero proprietà privata dei conti Frosini.
Per circa centocinquanta anni l' abbazia fu una cava inesauribile di materiali per le fattorie e i paesi dei dintorni, gli arredi dispersi un po' dovunque; si salvò l'ala orientale che dava sul chiostro, adibita ad usi agricoli.
Solo negli anni Venti del nostro secolo cominciarono i restauri per ripristinare e conservare i ruderi della chiesa e dei locali superstiti. Verso il 1930 alcuni padri Carmelitani tentarono per breve tempo di riportare la pratica religiosa; un altro tentativo, ora in corso, fu realizzato da padre Giuseppe Gilli che restaurò e ripulì diversi locali dell' abbazia , da lui affidata alle monache Benedettine Olivetane di Olanda; mentre l'Eremo divenne luogo dignitoso, amato e venerato dalle popolazione dei dintorni, ed è attualmente curato con amore dal parroco, aiutato da pochi volontari, nell'indifferenza totale di coloro che 'contano'.

Iconografia di San Galgano

I pittori e gli scultori amarono presentare San Galgano come un delicato e bel cavaliere, spesso con le chiome ben curate che avevano riflessi biondi; il simbolo che lo distingue è la spada piantata come croce in una roccia. Le opere d'arte sul santo sono per la maggior parte concentrate nel territorio dell'antica Repubblica senese, che venerava San Galgano come uno dei suoi principali protettori.
Anzitutto celebri sono gli affreschi, di cui abbiamo già parlato, che Ambrogio Lorenzetti eseguì verso il 1340 nell'oratorio annesso alla Rotonda di Montesiepi; il santo vi compare due volte: come eremita che supplica Maria e come offerente della sua spada all'arcangelo Michele. Nello stesso oratorio si conserva una pregevole statua in legno del 1981 dell'artista bresciano Nino Gori: San Galgano è presentato come uomo rude che spezza la sua spada in un gesto liberatorio di non violenza. Nella sacrestia adiacente si conserva una tela con cornice originale rappresentante la Madonna tra Santa Caterina d'Alessandria e San Galgano; il dipinto risale alla fine del 1600, d'autore ignoto.
A Chiusdino, paese natale del Santo, sul frontale di una cappella costruita nei sotterranei della sua casa natia, molto rimaneggiata, c'è un bassorilievo romanico che raffigura con maestria scultorea l'apparizione di San Michele al giovane cavaliere; nella vicina chiesa della Compagnia di San Galgano ancora un pregevole bassorilievo del santo datato 1466.
Nella chiesa parrocchiale si conserva una tela del 1600 d'ignoto autore, che descrive il Santo nel

suo gesto di pace; l'opera è di gusto narrativo e ben colorata.
Nella Pinacoteca di Siena troviamo il già descritto polittco di Giovanni di Paolo (1470) con una slanciata figura di San Galgano e, nella predella, movimentata e con minuzioso panorama, la scenetta dei tre religiosi che distruggono la capanna e spezzano la spada del Santo eremita; sempre nel medesimo pannello i tre devastatori subiscono il meritato castigo.
Fra gli autori e le loro opere conservate nella Pinacoteca di Siena ricordiamo: Girolamo del Pacchia che ha dipinto verso i primi del 1500 due testate di cataletto, in cui sono San Galgano e altri due santi con Cristo deposto dalla croce. Domenico di Pace detto "il Beccafumi" (1486 - 1551) che verso il 1530 ha rappresentato la Madonna tra San Galgano e San Paolo in una tavola di cm 59. Pietro di Domenico (1457 - 1533) che con uno stile semplice e rustico descrive l'adorazione dei pastori tra San Galgano e San Martino in uno scenario curato e pieno di particolari; la tavola è di m. 1,74 x 1,36. Il celebre "Maestro d'Ovile" (chiamato anche "Ugolino Lorenzetti") vissuto nel XIV secolo, che ha dipinto su legno San Galgano avvolto in un elegante mantello da cavaliere con borchia a sei petali; il volto è giovanile, incorniciato da capelli ondulati. Infine Lorenzo di Pietro, detto "il Vecchietta", che verso il 1445 dipinse un armadio per l'Ospedale della Scala allo scopo di custodirvi le reliquie dei Santi le cui figure vennero sopra dipinte. In un pannello di uno degli sporti dell'armadio ("arliquiera"), su fondo oro, c'è San Galgano che trasforma la sua spada in croce tra due graziosi alberelli di leccio.
Altre opere iconografiche del Santo sono conservate a Siena e nei dintorni, le passiamo in rassegna brevemente: San Galganello, a 4 km sulla via Maremmana, un'interessante scultura in marmo della prima metà del XIV secolo; è una formella in un muro di un antico possesso dei Monaci cistercensi di San Galgano; essa raffigura il santo mentre pone la spada nella roccia tra due lecci che gli fanno da cornice. Un'altra nella chiesa di San Mamiliano in Valli, a sud della città: è una statua lignea di San Galgano a vari colori e di stile prebarocco (forse della fine del 1500). Nella parete a destra del presbiterio, entro una nicchia, una terracotta quattrocentesca rappresenta San Galgano in devoto raccoglimento avvolto in un mantello bianco, con capigliatura ondulata.
Nella chiesa di San Raimondo (detta "del Refugio"), non lontana dal rinascimentale Palazzo di San Galgano del 1474, diverse opere pittoriche celebrano la vita del nostro santo; ne ricordiamo solo due: un affresco di Francesco Vanni del 1600 che rappresenta San Galgano in preghiera davanti alla spada-croce; una tela, densa di personaggi vari, di Alessandro Casolani (1552 - 1605) raffigura il santo eremita circondato da angeli, vescovi guerrieri del popolo, in alto Cristo in maestà.

In un'altra Chiesa, nelle vicinanze di Porta Romana, di stile rinascimentale dedicata a Santa Maria degli Angeli (detta "del Santuccio" in ricordo di San Galgano la cui reliquia del capo fu qui conservata e venerata per lungo tempo), si conservano diversi affreschi di Ventura Salimbeni (1612) che raffigurano in uno stile a forti tinte la vita del santo. Nell'archivio storico di Siena, un ignoto del 1600 in una tela a caldi colori ha dipinto San Galgano, disceso da cavallo, che in ginocchio prega davanti alla roccia con la spada-croce; nello scenario pastorale si vede in alto un panorama di Chiusdino, paese natale del santo. Nella sala del sindaco del Palazzo Pubblico si conserva un affresco di Antonio Bazzi detto "il Sodoma" del 1537, in cui la Madonna con Gesù e San Giovannino siede in maestà tra San Michele e San Galgano; il quadro riassume la leggenda spirituale della conversione dell'eremita.
Nel duomo, invece, in un affresco di Ventura Salimbeni (1605) l'arcivescovo Camillo Borghese presenta al fedele un gruppo di santi senesi tra cui, in risalto, San Galgano con la spada. Nel cortile di Palazzo Chigi-Saracini nel vuoto di un arco gotico, in forte rilievo e con stile marcato dalle linee delle vesti, lo scultore Ettore Brogi di Rapolano Serre rappresentò nel 1920 San Galgano che conficca la spada con gesto energico. Nell'archivio di Stato più di tredici biccherne rappresentano i monaci di San Galgano nell'atto di compiere il loro ufficio di camerlengo della repubblica senese; interessante è la biccherna n. 11, in cui un pittore anonimo dipinse il monaco Don Stefano inginocchiato davanti al Santo che infigge la spada nella roccia con la mano destra, mentre con la sinistra regge le redini del cavallo. La scena con gli stemmi e le scritte che la completano, ha un sapore quasi fiabesco.
A Villa Santa Regina, fuori Siena, in una sala si conserva una tela del XVII secolo d'ignoto autore che raffigura San Galgano con il suo simbolico gesto della spada. Infine, nel museo dell'Opera del Duomo, si conservano tre stupende opere i oreficeria che rappresentano o trattano della vita di San Galgano: il reliquario del Capo, il Pastorale, la Corona.
A Firenze, nel museo dell'Accademia, un ignoto pittore detto "il Maestro della Cappella Rinuccini" del XIV secolo, ha rappresentato l'estasi di San Bernardo tra i santi; nel gruppo si nota San Galgano con la spada ed il cavallo. Sempre a Firenze, nella Galleria degli Uffizi, Ventura Salimbeni (sec. XVI) ha dipinto l'apparizione di San Michele dinnanzi al cavallo del santo.
A Pisa, nel Museo Nazionale di San Matteo si conservano cinque tavole d'autore ignoto (alla maniera di Andrea di Bartolo) che nel 1300 descrisse i principali episodi della vita di San Galgano: l'apparizione di San Michele che conduce il cavallo verso Montesiepi con panorama di Chiusdino, la costruzione dell'eremo, la visita di parenti ed amici preoccupati del comportamento del cavaliere, la punizione dei tre religiosi che avevano devastato la capanna e i funerali del Santo.
Anche se le scene sono alquanto statiche, mostrano particolari graziosi come il santo che sfronda gli alberi con la spada e il feretro circondato da vescovi e religiosi, con un edificio che vagamente ricorda la chiesa abbazia le di San Galgano.
Ad Asciano, a sud di Siena, dove i monaci della nostra abbazia amministravano numerosi possedimenti, si conserva nella località Palazzo a' Monaci una cappella dedicata a San Galgano; nella piazza del Grano, antico cortile di una grancia cistercense, è restato uno stemma con la spada nella roccia. Ma il più bel ricordo dell'eremita, si conserva nel museo d'Arte Sacra: un trittico di Pietro di Giovanni d'Ambrogio, di ottima fattura, rappresenta un'adorazione dei pastori con San Nicola e San Galgano databile verso la metà del 1400.
Nel Castello di Frosini, a pochi chilometri a nord dell' abbazia , nella chiesa parrocchiale si conserva un quadro in cui l'autore Benvenuti, (1839) rappresentò l'apparizione della Madonna e di San Michele arcangelo a San Galgano. Nella vicina chiesetta della Venerabile Compagnia del SS. sacramento c'è un quadro del 1600 della scuola del Maratta; raffigura l'apparizione della SS.ma Vergine a San Nicola di Bari e a San Galgano. Nella canonica si conserva il famoso reliquario con scene incise e smaltate della vita del santo della Val di Merse.
Certamente questi due edifici meritavano ben altra e degna sorte, purtroppo il tempo e gli uomini hanno lasciato le loro tracce distruttive. L'augurio sarebbe che per l' abbazia le autorità statali si imponessero di più e che alcuni volenterosi aiutassero i parroci di Montesiepi, non con chiacchiere ma con fatti; ciò che fino ad ora è raramente accaduto.

L'ORDINE MONASTICO DEI CISTERCENSI

Nel Medioevo toscano, già agli albori del feudalesimo, nascono qua e là piccole comunità oranti. A volte sono anche soltanto due, tre monaci, si rifugiano a vivere il proprio lavoro e lodano Iddio, in eremi costruiti spesso su piccoli templi pagani riadattati. Intorno al Mille, poi, fioriscono vocazioni in uomini pronti a spogliarsi di tutte le ricchezze. Questi uomini coraggiosi vestono l'umile saio e, in nome della povertà cristiana, divengono monaci sempre pronti ascendere in campo con predicazioni vigorose, rivolte anche contro vescovi eretici e simoniaci.
È la Chiesa che si rinnova. È la stessa Chiesa di prima, ma che rinasce più pura, che ritorna alle origini e al dettato evangelico.
Ovviamente, col passare dei decenni, l'implacabile usura del tempo e le debolezze umane arrivano a corrodere un po' anche la purezza e la perfezione della vita monastica: ai frutti del lavoro delle mani si aggiungeranno (quando non si sostituiranno addirittura) le generose offerte dei nobili

Il reliquiario della chiesa parrocchiale del Castello di Frosini.

condizionati dal senso del peccato. Testamenti, eredità e donazioni rivolti intenzionalmente ad offrire una vita più dignitosa ai religiosi, producono col tempo un copioso aumento dei fondi rustici attorno ai conventi. Così ritorna, inevitabilmente, un po' di ricchezza in convento, anche se vive sempre il Vangelo e all'ombra della preghiera viene sempre svolta un'azione caritativa verso i bisognosi.
È in questo clima e in questo ambiente che si inseriscono in Toscana i monaci cistercensi, a contribuire al miglioramento della vita ecclesiale e monastica, a mutare un po' il corso della storia dell'Italia centrale.
i monaci cistercensi venivano dalla Francia. Cistercium era la traduzione latina di Citeaux, località a cinque miglia da Digione, dove era inizialmente caduta la scelta per la nuova fondazione. Il 21 marzo 1098, l'abate Roberto aveva lasciato la sua abbazia di Molesme, ricchissima, per fondare più lontano, un nuovo monastero improntato alla pura regola benedettina, senza le mitigazioni e gli ampliamenti introdotti attraverso i tempi. Quindi di nuovo solitudine, povertà, recita comune dell'ufficio Divino, lavoro manuale e rinunzia ad ogni attività al di fuori del monastero, compresi l'insegnamento e il mistero ecclesiastico. Questi i cardini fondamentali della nuova riforma, che comportava un cambiamento radicale nella stessa struttura organizzativa. L'organizzazione assumeva ora uno schema verticistico, alla sommità del quale stava l'abate di Citeaux, seguito dalle quattro famiglie di La Fertè, di Pontigny, di Clairvaux e di Morimond; e giù giù fino all'ultima abbazia , legandosi tra loro in una sorta di albero genealogico che permetteva un effettivo controllo di tutti i monasteri. Santo Stefano Harding, terzo abate di Cisercio, compose la "Charta Charitatis" e dettò le regole per il cerimoniale.
L'austerità come dice anche lo storico Carlo Celso Calzolai nella sua stupenda Storia della Badia a Settimo (Firenze, Libreria Editrice Fiorentina, 1976), sembra ostacolare in principio il numero delle vocazioni, ma si tratta solo di difficoltà iniziali. L'abito bianco arriva poi a fare un monaco più presentabile, la quasi completa autonomia dei vescovi contribuisce a dare personalità e autorità al cistercense. L'abate desidera le fondazioni nei luoghi isolati, la sua chiesa è chiusa al pubblico, povertà e austerità regnano nella vita del monaco. Si rinnegano i mosaici, le vetrate istoriate, sculture e argenterie non vengono prese in considerazione. L'acquisto di fondi o di terre che non possono essere coltivate direttamente dal monastero sono vietate dalla "Charta Charitatis". Ciò per prevenire il pericolo di una proprietà troppo vasta e di una ricchezza eccessiva, poiché il lavoro manuale deve rappresentare l'occupazione principale e l'unica fonte di sussistenza del monaco. Per troppo tempo i chiostri e le chiese benedettine avevano sfoggiato lusso e ricchezze.
Dalla Francia i monaci cistercensi si mettono in cammino per il mondo, in cerca di luoghi isolati. Giungono a Casamari, vicino a Frosinone. Nel 1201 alcuni monaci di Casamari arrivano nel territorio senese, in quel di Chiusdino, e sostano presso l'oratorio di San Galgano a Montesiepi. Questi frati viandanti vengono colpiti dal silenzio immenso che regna attorno a un solo prete intento a custodire le spoglie venerate del giovane Santo Guidotti. Qui la povertà non potrebbe essere più grande e più bella: si radunano perciò attorno all'oratorio, vi si fermano. Passano alcuni anni e dalla Francia scendono verso l'oasi di Montesiepi altri monaci, dopo di che il vescovo di Volterra, Pagano de' Pannocchieschi, dalla cui giurisdizione dipende la Val di Merse, offre il terreno per la costruzione della Badia.
Ed è proprio da San Galgano che, appena trent'anni dopo, ripartono altri monaci alla volta dell'importante Badia a Settimo, nei pressi di Firenze, dove le ricchezze e la corruzione stavano contaminando la vita monacale e l'immagine religiosa. Li aveva richiesti appositamente il vescovo di Firenze e li aveva tempestivamente autorizzati il papa Gregorio IX con tanto di bolla pontificia.
L'abate di San Galgano scelse dodici dei suoi monaci i quali, dopo aver eletto nuovo abate Forese dei Foresi, mossero a piedi verso Firenze, dove furono accolti con feste popolari e ufficialmente dal Gonfaloniere e dai Priori. La ventura dei cistercensi di San Galgano era dunque non solo un avvenimento importante per la Toscana di allora, ma anche una necessità per l'equilibrio e la moralità della vita fiorentina. Un nuovo impulso animò subito la già vecchia Badia a Settimo dovei nuovi frati, dopo un breve ristoro, erano stati accompagnati dal vescovo di Firenze, da un corteggio di nobili cittadini, da canti popolari e da un solenne Te Deum.
Era il 1236, e questa era già la grandezza di uno sparuto gruppo di nuovi dottori della povertà, di dodici semplici monaci cistercensi appena arrivati da San Galgano.

SAINT GALGANO AND THE SWORD IN THE ROCK

Galgano Guidotti was born in the year 1148, the son of noble parents who were of Salicorigin, from Chiusdino, a small village that rises compactly to the west of the abbey complex.
The events of his life have in part been transfigured by legends that poetically conceal a historic basis. One legend holds that his birth was almost miraculous: his parents, Guido and Dionisia, reportedly had him after long years of sterility, through the intercession of St Michael the Archangel, who was highly venerated in the zone, especially in the small villages of the surrounding high grounds. Galgano grew up handsome, carefree, proud, and...arrogant. His frivolous and rather libertine youth recalls the story of his almost contemporary, Francis of Assisi. Like him, Galgano often felt the futility of his dissipated life, and suffered the anguish of not having a purpose in living. The coveted title of knight did not afford him the elation that he had expected. It was in this state of anxiety that he slowly matured the decision to change, to live in solitude with God and Nature.
Advised by various hermits, who were numerous in the zone, and particularly by Guglielmo di Malavalle, the founder of a well-known hermitage in the Maremma, Galgano withdrew to the hill of Monte Siepi, or Cerboli, a few kilometres from Chiusdino in the direction of Monticiano. Here, he lived for twelve months in a circular hut built of branches. It was December 21st of the year 1180. Legend attributes Galgano's vocation as a hermit to insistent invitations by the Archangel Michael, who appeared to him in dreams, indicating to him also the place in which to build his cell.
In response to the insistence of his mother Dionisia and his fiancée Polyxena di Civitella Marittima that he return to the town, as well as to the derision of his fellow knights, he drove his sword into the fissure of a rock which outcropped into his hut, as a sign of his perpetual rejection of war and of his decision to use that arm as a cross in front of which to pray. The sword upright in the ground had a profound spiritual significance for the knights of the Middle Ages: it represented and symbolised the Cross, a sign of faith and of aspiration to go on a Crusade. In addition to manifesting a public refusal of violence, this usage, confirmed by songs and tales of chivalry, also applied to praying during the religious pauses; often, it was driven into the ground in front of the sickbed of a dying knight. It must be remembered that the sword was blessed only by the Bishop before being given to the newly-appointed knight, who was solemnly bidden to use it only to defend the faith and justice. According to some sources, the rock in question was probably the centre of an older sacred place where there were often meetings for the purpose of making solemn vows. Future investigatory searches under the flooring of the Church that sprang up around the rock might uncover more certain information.
Various legendary episodes show St Galgano to have been well integrated within the natural environment. His hut was known to be frequented by several wolves, and the people of the area often visited him to receive advice and obtain healings. His solitary life at Montesiepi was not considered - either by Galgano or by his neighbours - as a flight from the world and its problems, but as a freeing of himself from the superstructures - useless adjuncts - built by man in order to harass his neighbour. In this sense, St Galgano, a knight who transformed the sword into a cross with a symbolic gesture, can be considered a courageous man who, not heeding the bellicose mentality of his century, affirmed the supremacy of peace and faith over the sterility of violence. He will certainly be a "modern" man for every

age. Unquestionably, hermetic life was hard on him: in fact, he died at the age of 33, on 3 December 1181. According to an ancient tradition, the bishops of Volterra, Massa Marittima and Siena were all present at his funeral, in addition to the Cistercian abbots of Fossanova, Casamari and Tre Fontane di Roma. This legend definitely desired to emphasise the good relations of the abbey with the three neighbouring dioceses and the union of the hermit with the Cistercian monks who were to arrive there a few years later.

WORKS OF ART THAT ONCE EXISTED AT SAN GALGANO

Very few of the numerous art objects of which the abbey abounded have come down to us. In the pinacoteca of Siena is preserved the altar piece from the high altar. Its dimensions are large (3.63 x 0.47 metres), and it was painted by Giovanni di Paolo around 1470. There are four figures of saints painted on a panel: San Bernardo di Chiaravalle, St Mary Madgalene, San Galgano, and a Cistercian saint. Below, eight compartments divide the predella with uplifting stories and coats of arms of the abbey. The recessed panels contain stories regarding San Galgano, San Bernardo, St Mary Magdalene, and others.
Several sacred accounts, such as the scene of Mary and San Bernardo and the legend of the three priests who, for having destroyed the saint's hut, receive the punishment meted to them, are really exceptional.
In the museum of the Opera del Duomo in Siena is preserved the imposing and ornate Reliquary: it is in the form of a Gothic temple, and is about one metre high. Until 1977 it contained the head of San Galgano: it was removed from the abbey around 1500, and from 1925 on had been preserved in the said museum. It consists of engraved silver, embossed and worked in filigree. Various parts are made of cast and engraved copper. The whole thing is gilded with enamels, stones and coloured glass. It has the shape of a small, eight-sided Gothic edifice, with elegant windows with two openings that have pointed and curved arches. Of uncertain attribution, it dates to the end of the 13th century. The chiselled scenes concern saints, angels and personages from the Gospels. The scene below, of the young knight praying in front of the sword-cross struck in the rock, is in relief and bedecked with flowers.
In the parish church of the Castello di Frosini, a few kilometres from the abbey, another reliquary is preserved: a Gothic structure of uncertain attribution, datable to around 1315. It is 74 centimetres high, and consists of a cloverleaf base supported by four little lions, a stem with six faces and a knot, and a five-sided panel with double face and buttresses finishing with four spires that enclose an overly-ornate tympanum. It is made of copper and silver, both gilded and worked irregularly or with casting, with translucent enamels in various colours. Seventy-four denticulate honeycombs contain the same number of relics of saints and in the spaces formed by them there are heads of graffito-designed angels covered with enamels. In the base of the two faces of the panel can be noted two friezes with six graffiti-designed plaquettes in the metal and made prominent by translucent enamels. They depict episodes relative to the life of San Galgano: the scenes narrate the encounters of the young knight with St Michael, the building of the hut at Montesiepi, and the transformation of the sword into a cross.
The glorious and symbolic sign of the abbey's dignity: the crosier used by the abbots of San Galgano, is preserved in the aforementioned museum of the Opera del Duomo of Siena. It is almost two metres high, and is made of copper plate worked with a graving tool. The figures are engraved and put in relief by opaque enamel. The crosier consists of a hexagonal staff with plant motifs, interrupted by a knot with a small Gothic temple having six faces, cusp, spires and windows with two openings with charming little circular pierced windows. In the windows with two openings are represented San Galgano and eleven other saints, and higher up there are figures of angels with the emblem of the saint: the sword-cross. The crosier terminates with an arched volute: in the centre, the figure - in full relief - of San Galgano praying in front of the sword struck in the stone. This work, too, is of uncertain attribution, and dates to around 1320.
Another precious object is the so-called "Crown of San Galgano", preserved always in the museum of the Opera del Duomo in Siena. Its circumference is 71.3 centimetres, is 12 cm high, and has eight rectangular plaquettes, all connected with each other with hinges. It is made of gilded bronze with coloured enamels.
On the plaquettes in Gothic characters stand out, thanks to the translucent enamel, the letters that spell out S.GHALGANO DE CHIUSLINO. Four almond-shaped shields break up the caption, and represent the coats of arms of Chiusdino, the birthplace of the saint of the abbey. The artist who created the refined and original crown is unknown, and its utilisations are even more uncertain. It can be dated to around 1325.

THE HUMAN AND RELIGIOUS HISTORY OF SAN GALGANO

The Cistercian monks came to take possession of the monastery of Montesiepi after the death of the hermit-saint Galgano. While the Rotunda was desired by the Bishop of Volterra, Ugo Saladini, and was conceived by skilful architects or master builders in accordance with the Romanesque style, the abbey of San Galgano was desired and built in accordance with the most rigid criteria of art and of Cistercian regulations.
Bono, a French monk, was head of the small group of the first Cistercians to establish themselves at Montesiepi around 1185. By the early years of the 13th century, the group had increased considerably in number and in civil and religious importance. Slowly, with new monks, the community inserted itself into the milieu; various noble families also contributed monks to San Galgano.
In the meantime, there was not sufficient space on the hill, and the supply of water was always more difficult. Thanks to the reclamation works, the plain below had become a healthy place. Therefore, solicited by the Bishop of Volterra, around the year 1224, the monks began building the large abbey, a few metres lower down. In the same period, San Galgano created several branches in other parts of Tuscany, and the monks reformed the declining abbey of Settimo near Florence. Donations and privileges of popes, emperors and nobles made the abbey powerful, and huge territories scattered through all of Tuscany created a healthy economic situation. This made possible the imposing building of the church and new monastery with its workshops and its studies. The most generous popes were Innocent III, who in 1206 declared the monks to be tax-exempt and sub protectione of the Pope; then Gregory IX and Alexander IV. Among the emperors, Henry IV, Otto IV and Frederick II stood out: they were not only munificent, but they stimulated the monks to continue their scientific research and the reclamation of the lands. And these men were skilled in many fields: from jurisprudence to the sciences, they became inserted in the Sienese terri-

Abitazione natale di San Galgano a Chiusdino in via della Cappella 9.

tory as judges and notaries, as physicians and as pharmacists. The Sienese Republic often appointed them as ambassadors of peace and to direct the works of the Duomo of Siena. Their great skill excelled in architecture, hydraulic and mining techniques. Close to the Merse river, four hundred metres away from the abbey, traces can still be seen of walls and slag, as witnesses to an active foundry.

In 1267, a monk by the name of Gnolo was appointed by the Sienese government to study whether the water of the river Merse could be channelled as far as the gates of Siena. Numerous water mills were set up under his supervision. Relations between the Sienese government and the abbey were excellent: the monastery was in the centre of the State territory; the trade coming from the sea and from the Maremma stopped there, and was protected by the monks, who often organised important fairs. Many of the monks were put in charge of the "Biccherna" as "Camarlingo": that is, they managed the treasury of the Republic, which was an appointment of utmost trust .

For a certain period, as an imperial privilege they even had the freedom to coin money. These coins bore the imprint of the sword in the rock and the pastoral abbey. But all this economic, cultural and spiritual splendour soon came to an end. From 1364 on, there were various raids and sackings by mercenary armies in the service of Florence, Siena's rival. But the most decisive cause of the decline was the ever so deprecated 'commendam', a real scourge that led to the ruination of many monasteries. It consisted in the entrusting of the abbey to a titular abbot who, living far away, often worried above all about collecting the various revenues, to the serious detriment of the monks and the maintenance of the buildings.

The first 'commendator', in 1503, was Cardinal Federico Sanseverino. Twenty-four others followed, until 1878 when the possessions of the monastery passed in 'enfiteusi perpetua' to a noble family in the vicinity. Among the 'commendators', there were certainly honest men who were concerned with the spiritual and economic well-being of San Galgano, but for the most part, with their greed they brought the abbey to ruin, to the extent of reducing it to a skeleton.

Monsignor Girolamo Vitelli was such a person. Around 1559, he let the holdings waste away, transferred precious objects, and even sold the lead on the roofs of the two churches, which was the primary cause of the collapse of the entire roof of the basilica. A report written by Count Montauto, governor of Siena, defined the aforesaid Monsignor as "a bad abbot with an evil character", and requested permission of the Grand Duke to arrest him.

In this depressing situation, the number of monks gradually decreased: in 1550, there were only five. In 1576, the Bishop of Rimini affirmed in a report that there was only one monk left, and so ill-clad as to arouse indignation. The situation improved in 1670, when the abbey complex was assigned to the order of Observing Minorites, who resided there until 1786, when the falling of the bell tower onto the big church brought an end to any kind of religious life. Only the Hermitage was restored. It was then declared a "parish church", and a diocesan priest was appointed to officiate there. The agricultural holdings and real estate became the private property of the counts Frosini.

For about one hundred and fifty years, the abbey was an inexhaustible den of materials for the farms and villages in the vicinity, with its furnishings scattered all over the place. The eastern wing that looked onto the cloister was saved and became used for agricultural purposes. Restoration work to repair and preserve the ruins of the church and its surviving premises began only in our century, in the 1920's. Around 1930, several Carmelite Fathers attempted, for a short time, to bring back religious practice. Another attempt, still under way, was realised by Father Giuseppe Gilli, who restored and cleaned up various premises of the abbey, assigned by him to the Olivetan Benedictine nuns of Holland. The Hermitage has become a decorous place, loved and venerated by the surrounding population. At present it is lovingly cared for by the parish priest, aided by a few volunteers, with the complete indifference of those who 'count'.

ICONOGRAPHY OF SAN GALGANO

The painters and sculptors like to present San Galgano as a frail and handsome knight, often with well-groomed hair that had blond reflections. The symbol that distinguishes him is the cross-like sword driven into a rock. Most works of art involving the saint are concentrated in the territory of the Sienese Republic, which venerated San Galgano as one of its main patron saints. The frescoes that we have already mentioned, painted by Ambrogio Lorenzetti around 1340 in the oratory attached to the Rotunda of Montesiepi, are the most well-known. The saint appears twice in them: once as a hermit who is begging Mary, and once as he offers his sword to the Archangel Michael. In the same oratory is preserved a precious wooden statue of 1981 by the Brescian artist, Nino Gori. San Galgano is shown as a coarse man who breaks his sword in a liberatory gesture of non-violence. A painting in its original frame, that represents the Madonna between Santa Caterina d'Alessandria and San Galgano, is preserved in the adjacent sacristy. By an unknown artist, it dates to the end of the 17th century.

At Chiusdino, the Saint's birthplace, there is a Romanesque bas-relief on the much remodelled façade of a chapel built in the underground passages of the house in which he was born. With sculptural mastery, it depicts the appearance of St Michael to the young knight. There is another precious bas-relief of the saint, dated 1466, in the nearby church of the Compagnia di San Galgano.

A 17th-century painting by an unknown artist is preserved in the parish church: it describes the saint in his gesture of peace. The work is narrative in style, and is well coloured.

In the Pinacoteca di Siena, we find the already-descri-

bed polyptych (1470) by Giovanni di Paolo, which features the slender figure of San Galgano. In the predella, animated and with an extremely detailed panorama, there is the scene of the three monks who destroy the hermit saint's hut and break his sword; in the same panel, the three destructive monks undergo their well-deserved punishment.
Among the artists and their works that are preserved in the Pinacoteca in Siena can be recalled Girolamo del Pacchia, who around the early years of the 16th century painted two scenes around a bier in which are featured San Galgano and two other saints with Christ, taken down from the cross; Domenico di Pace, nicknamed "Beccafumi" (1486-1551) who depicted the Madonna between San Galgano and San Paolo on a 59-cm panel, around 1530; Pietro di Domenico (1457-1533) who, with a simple, rustic style, described the adoration of the shepherds between San Galgano and San Martino, in a setting that is executed with the greatest care and full of details; the panel is 1.74 x 1.36 metres. The famous 'Maestro d'Ovile' (also called 'Ugolino Lorenzetti'), who lived during the 14th century, painted on wood San Galgano wrapped in an elegant knight's cloak that has a buckle with 7 petals. The face of the saint is youthful, and his hair is wavy. Around 1445, Lorenzo di Pietro, referred to as "Vecchietta", painted a cabinet for the Ospedale della Scala, for the purpose of preserving in it the relics of the saints whose figures are painted above them. On a panel of one of the doors of the cabinet (arliquiery), against a gold background, there is San Galgano who is transforming his sword into a cross between two pretty young ilex trees.
Other iconographic works of the Saint are preserved in Siena and its surroundings: here, we shall briefly mention a few of them,. At San Galganello, 4 km away on the Via Maremmana, there is an interesting marble sculpture from the first half of the 14th century: it is a recessed panel in a wall of an ancient property of the Cistercian monks of San Galgano. It depicts the saint while he places the sword in the rock, between two ilex trees which serve as a frame for him. There is another work in the church of San Mamiliano in Valli, south of Siena: it is a wooden statue of San Galgano, in different colours and pre-baroque in style (perhaps of the late 16th century). On the wall to the right of the presbytery, inside an alcove, there is a 15th-century terracotta representing San Galgano deep in prayer, wrapped in a white cloak and with wavy hair. In the church of San Raimondo (known as "the church of the Refuge"), not far from the 1474 renaissance Palace of San Galgano, various paintings celebrate the life of our saint. We will mention just two of these: a fresco by Francesco Vanni (1600), representing San Galgano praying in front of the sword-cross, and a painting dense in various personages by Alessandro Casolani (1552-1605), that depicts the hermit saint surrounded by angels, bishops, warriors of the people; on high, Christ in majesty.
In another church in the vicinity of Porta Romana, renaissance in style and dedicated to Santa Maria degli Angeli (known as the church of the poor saint, in memory of San Galgano, the reliquary of whose head was preserved and venerated here for a long time), there are several frescoes (1612) by Ventura Salimbeni. With a strongly-coloured style, these depict the saint's life. In the historic archives in Siena, using warm colours an unknown 17th-century painter has portrayed San Galgano, dismounted from his horse, on his knees praying in front of the rock with the sword-cross. In the pastoral scene, high above, can be seen the panorama of Chiusdino, the saint's native village. A fresco of 1537 by Antonio Bazzi, known as "Sodoma", is preserved in the Mayor's office at the Town Hall. It shows the Madonna with Jesus, and San Giovanni sitting in majesty between San Michele and San Galgano. The painting summarises the spiritual legend of the hermit's conversion.
In the Duomo, instead, in a fresco (1605) by Ventura Salimbeni, Archbishop Camillo Borghese presents to the faithful a group of Sienese saints, among whom is San Galgano with his sword. In the courtyard of Palazzo Chigi-Saracini, in the vault of a gothic arch, in strong relief and in a style marked by the lines of the clothes, in 1920 the sculptor Ettore Brogi of Rapolano Serre represented San Galgano plunging in the sword with an energetic gesture. In the State archives, more than thirteen "bicchernas" represent the monks of San Galgano in the act of performing their duties as "camerlengo" of the Sienese Republic. "Biccherna" n° 11 is interesting: in it, an anonymous painter has depicted the monk Don Stefano kneeling down in front of the Saint, who is driving the sword into the rock with his right hand, while he holds the reins of his horse in his left hand. With the coats of arms and inscriptions that complete it, the scene has an almost fairy-tale quality.
At Villa Santa Regina, outside Siena, a 17th-century painting by an unknown artist is preserved in one of the rooms: it depicts San Galgano with his symbolic gesture of the sword. Lastly, three magnificent works of goldsmithery are preserved in the museum of the Opera del Duomo. These represent or deal with the life of San Galgano: the reliquary of the Head, the Crosier, the Crown.
In Florence, in the museum of the Accademia, an unknown 14th-century painter, referred to as the "Master of the Rinuccini Chapel", depicted the ecstasy of San Bernardo among the saints: in the group can be noted San Galgano with his sword and his horse. Always in Florence, in the Uffizi Gallery, there is a painting by Ventura Salimbeni (16th century) of the appearance of St Michael in front of the Saint's horse.
In Pisa, at the Museo Nazionale di San Matteo, are preserved five panels by unknown artists (in the style of Andrea di Bartolo) who, in the 14th century, described the main episodes of the life of San Galgano: the appearance of St Michael, who leads the horse towards Montesiepi with a panorama of Chiusdino; the construction of the hermitage; the visit of friends and relations, worried about the knight's behaviour; the punishment of the three monks who had devastated the hut; and the Saint's funeral.
Even if the scenes are rather static, they evidence charming details, such as the Saint who prunes the trees with his sword, and the coffin surrounded by bishops and clergy, with a building that vaguely recalls the abbey church of San Galgano.
At Asciano, south of Siena, where the monks of our abbey used to administer numerous properties, in the locality "Palazzo a' Monaci" a chapel dedicated to San Galgano is preserved; in Piazza del Grano, the ancient courtyard of a Cistercian grange, a coat of arms with the sword in the rock has remained. But the loveliest souvenir of the hermitage is kept in the Museum of Sacred Art: a triptych by Pietro di Giovanni d'Ambrogio, beautifully executed, represents an Adoration of the Shepherds with San Nicola and San Galgano, which can be dated to the mid-15th century.
In the Castello di Frosini, a few kilometres north of the abbey, in the parish church, a painting (1839) is preserved in which the artist Benvenuti depicted the appearance to San Galgano of the Madonna and St Michael the Archangel. In the small church of the Venerable Company of the Saints nearby, there is a 17th-century painting of the Maratta school. It depicts the appearance of the Most Holy Virgin to San Nicola di Bari and to

Particolare dell'incisione del 1712 che documenta lo stato dell'abbazia e dell'eremo all'inizio del XVII secolo.

San Galgano. The famous reliquary with engraved and enamelled scenes of the life of the Saint of the Val di Merse is preserved there in the presbytery.
These two edifices certainly deserve a different and more worthy fate. Unfortunately, time and human beings have left their destructive mark on them. It would be desirable for the abbey that the State authorities asserted themselves more, and that a number of volunteers could help the parish priests of Montesiepi: not with talk, but with deeds - which has only rarely happened up until now.

The monastic order of the Cistercians

In the Tuscan Middle Ages, already at the dawn of feudalism, small praying communities sprang up here and there. Sometimes there were only two or three monks; they took refuge to live their own work and praise God, in hermitages often built over readapted small pagan temples. Then, around the year one thousand, vocations arose in men who were ready to strip themselves of all their wealth. These brave men wore the humble habit and, in the name of Christian poverty, became monks who were always ready to ascend into the field with vigorous preaching, aimed also against heretical bishops and simoniacs.
It was the Church that was being renewed. It was the same Church as before, but it was reborn purer, and returned to its origins and to the evangelical arbitrary command. Obviously with the passing of the decades, the implacable wear and tear of time and human weaknesses succeeded in corroding somewhat even the purity and the perfection of monastic life: the generous offers of the nobles conditioned by a sense of sin were added (when they did not outright replace them) to the fruits of the work of their hands. Wills, legacies and donations intentionally directed at offering a more decorous life to the monks and nuns, with time produced an abundant increase in the rustic funds around the monasteries and convents. Thus, inevitably, a little wealth returned to the monasteries, even if they still lived the Gospel and, under the protection of prayer, charitable work in the direction of the needy was always practised.
It was in this climate and in this environment that the Cistercian monks became introduced into Tuscany, to contribute to the improvement of ecclesial and monastic life, to change somewhat the course of the history of Central Italy. The Cistercian monks came from France. Cistercium was the Latin translation of Citeaux, a locality five kilometres from Dijon, on which the original choice for the new foundation initially fell. On 21 March 1098, Abbot Robert had left his very rich abbey of Molesme, to found – further away – a new monastery characterised by the pure Benedictine regulations, without the mitigations and amplifications introduced as time passed. Therefore, once again solitude, poverty, common recitation of the Divine Office, manual work, and the giving up of all activities outside the monastery, including teaching and the ecclesiastical mystery. These were the basic foundations of the new reform, which involved a radical change in the very organisational structure.The organisation then took on a verticistic design, at the summit of which was the abbot of Citeaux, followed by the four families of La Ferté, Pontigny, Clairvaux, and Morimond, and all the way down to the last abbey, linking themselves to each other in a sort of genealogical tree which made possible an effective control of all the monasteries. St Stephen Harding, third abbot of Cisercio, composed the "Charta Charitatis", and dictated the rules for the church ceremonial.
As the historian Carlo Celso Calzolai wrote in his magnificent Storia della Badia a Settimo (Florence, Libreria Editrice Fiorentina, 1976), at the beginning austerity seemed to hinder the number of vocations. But these were just initial difficulties. White habits then arrived, to make the monks more presentable; the almost complete autonomy of the bishops contributed to giving personality and authority to the Cistercian. The abbot desired that the foundations be in isolated places; his church was closed to the public; poverty and austerity reigned in the life of the monks. Mosaics were repudiated; windows decorated with legendary scenes, sculptures and silverware were not taken into consideration. The acquisition of properties or lands which could not be directly cultivated by the monastery was prohibited by the "Charta Charitatis". This was in order to prevent the danger of acquiring too large a property and an excessive wealth, since manual work had to represent the principal occupation and sole source of subsistence for the monks. The cloisters and Benedictine churches had flaunted luxury and wealth for too long a time.
The Cistercian monks set out from France, to travel all over the world in search of isolated places.
They arrived in Casamari, near Frosinone. In 1201 several monks from Casamari arrived in the Sienese territory, in that of Chiusdino, and stayed at the oratory of San Galgano at Montesiepi. These travelling monks were struck by the immense silence that reigned around a single priest intent on watching over the venerated remains of the young Santo Guidotti. Here, poverty could not be greater and more beautiful. They therefore gathered together around the oratory, and stopped there. Several years passed, and other monks came from France in the direction of the oasis of Montesiepi. After this, the Bishop of Volterra, Pagano de' Pannocchieschi, on whose jurisdiction the Val di Merse depended, offered the land for the building of the Abbey.
It was from San Galgano, in fact, that barely thirty years later, other monks left in the direction of the important Badia a Settimo, in the vicinity of Florence, where wealth and corruption were contaminating monastic life and the religious image. The Bishop of Florence had purposely requested them, and Pope Gregory IX had promptly authorised them with a Papal bull.
The abbot of San Galgano chose twelve of his monks. After having elected the new abbot, Forese dei Foresi, these monks set out for Florence, where they were welcomed with popular celebrations and, officially, by the Gonfalonier and the priors. The fortune of the Cistercians of San Galgano was, therefore, not only an important event for the Tuscany of that time, but was also a necessity for the equilibrium and morality of Florentine life. A new stimulus immediately animated the already old Badia a Settimo, where the new monks were accompanied – after brief refreshment – by the Bishop of Florence, by a procession of noble citizens, by popular songs and by a solemn Te Deum.
It was 1236, and this was already the greatness of a small group of new doctors of poverty, of twelve simple Cistercian monks who had only just arrived from San Galgano.